中2英語

Gakken

はじめに

中学生のみなさんにとって，年に数回実施される「定期テスト」は，重要な試験ですよね。定期テストの結果は，高校入試にも関係してくるため，多くの人が定期テストで高得点をとることを目指していると思います。

テストでは，さまざまなタイプの問題が出題されますが，その1つに，しっかり覚えて得点につなげるタイプの問題があります。そのようなタイプの問題には，学校の授業の内容から，テストで問われやすい部分と，そうではない部分を整理して頭の中に入れて対策したいところですが，授業を受けながら考えるのは難しいですよね。また，定期テスト前は，多数の教科の勉強をしなければならないので，各教科のテスト勉強の時間は限られてきます。

そこで，短時間で効率的に「テストに出る要点や内容」をつかむために最適な，ポケットサイズの参考書を作りました。この本は，学習内容を整理して理解しながら，覚えるべきポイントを確実に覚えられるように工夫されています。また，付属の赤フィルターがみなさんの暗記と確認をサポートします。

表紙のお守りモチーフには，毎日忙しい中学生のみなさんにお守りのように携えてもらうことで，いつでもどこでも学習をサポートしたい！という思いを込めています。この本を活用したあなたの努力が成就することを願っています。

出るナビ編集チーム一同

出るナビシリーズの特長

定期テストに出る要点が ギュッとつまったポケット参考書

項目ごとの見開き構成で，テストに出る要点や内容をしっかりおさえています。コンパクトサイズなので，テスト期間中の限られた時間での学習や，テスト直前の最終チェックまで，いつでもどこでもテスト勉強ができる，頼れる参考書です。

見やすい紙面と赤フィルターで いつでもどこでも要点チェック

シンプルですっきりした紙面で，要点がしっかりつかめます。また，最重要の用語やポイントは，赤フィルターで隠せる仕組みになっているので，手軽に要点が身についているかを確認できます。

こんなときに 出るナビが使える！

持ち運んで，好きなタイミングで勉強しよう！　出るナビは，いつでも頼れるあなたの勉強のお守りです！

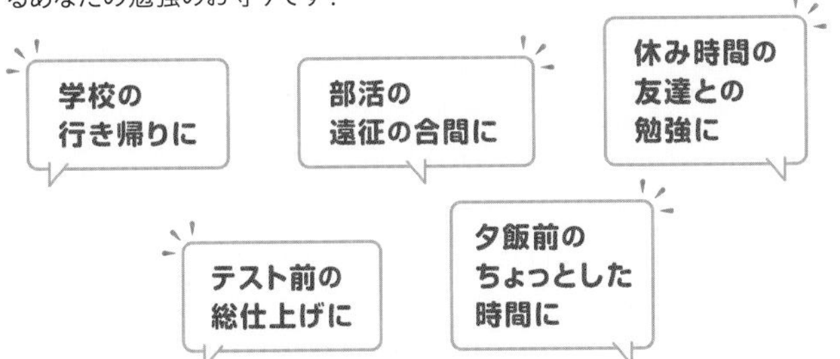

この本の使い方

赤フィルターをのせると消える!

最重要用語や要点は, 赤フィルターで隠して確認できます。確実に覚えられたかを確かめよう!

本文をより理解するためのプラスアルファの解説で, 得点アップをサポートします。

ミス注意
テストでまちがえやすい内容を解説。

くわしく
本文の内容をより詳しく解説。

参考
知っておくと役立つ情報など。

1章 現在の文

1 be動詞を使った文

am, are, is (be動詞の現在形)を使う文です。

1 | be動詞の現在形 / 否定文

Bill is my friend. ビルは私の友だちです。
I am not Ann. 私はアンではありません。

◎「~は…です」と言うときは, am, are, is を使う。(be動詞という。)
◎主語が I → am, you や複数 → are, 3人称単数 → is。(I, you 以外の単数の人やもの)
◎am, are, is のあとに「場所を表す語句」がくるときは,「~にあります(います)」の意味。
例) My mother is in the garden. 私の母は庭にいます。(場所を表す。)
◎be動詞の否定文は, be動詞のあとに not をおく。
◎否定の短縮形は, is not → isn't / are not → aren't。
am not は短縮形がないので, I'm not の形を使う。

2 | be動詞の疑問文

Are you a student? あなたは学生ですか。
— Yes, I am. はい, そうです。

◎be動詞の疑問文は, be動詞を主語の前におく。
◎答え方… 「はい」→ Yes, ~ be動詞. / 「いいえ」→ No, ~ be動詞 + not.

ミス注意 疑問詞を使う場合は, 疑問詞を文頭におく。答えの文では Yes, No は使わない。
Who is that girl? — She's my sister. あの女の子はだれですか。— 彼女は私の妹(姉)です。

10

中2英語の特長

◎テストに出る文法・要点を簡潔にまとめてあります。

◎基本例文を軸にした, わかりやすい文法解説!

◎巻末には, 1年間で学んだ文法のまとめページも!

テストの例題チェック

テストでは 主語と be動詞の関係，be動詞の意味，疑問文の語順などに注意。

1章

1 (　　)に am, are, is の中から適するものを入れなさい。

① I (am) a soccer fan.

② Your mother (is) a teacher.

③ Tom and I (are) in the same class. 「同じ」 ! ～ and …の形の主語は複数。

④ (Are) you Ms. Green? — Yes, I (am).

⑤ Those flowers (are) very beautiful. 「あれらの」「花」 ! those ～(あれらの～)は複数。

2 (　　)に適する語を入れなさい。 出る

① (My) name (is) Ken.　私の名前はケンです。

② (That's) (your) room.　あちらはあなたの部屋です。 ! That is の短縮形を使う。

③ We (are) good (friends).　私たちは親友です。

④ His cap (is) on the desk.　彼の帽子は机の上にあります。

⑤ (This) (is) Yuki. (She's) my friend.
こちらはユキです。彼女は私の友だちです。 ! She is の短縮形を使う。

⑥ These books (aren't) mine. (They) (are) Ken's. 「これらの」
これらの本は私のものではありません。それらはケンのものです。

3 (　　)に適する語を入れなさい。 出る

① A: (Are) you from Osaka?　あなたは大阪出身ですか。
B: No, (I'm) (not).　いいえ，ちがいます。

② A: (Is) this your pen?　これはあなたのペンですか。
B: Yes, (it) (is).　はい，そうです。

③ A: (What's) that?　あれは何ですか。
B: (It's) a hotel.　(それは)ホテルです。 ! どちらも短縮形を使う。

11

テストでは

テストで問われやすい内容や，その対策などについてアドバイスしています。

テストの例題チェック

テストで問われやすい内容を，問題形式で確かめられます。

特にテストに出やすい項目についています。時間がないときなどは，この項目だけチェックしておこう。

テスト直前 最終チェック！ ▸▸ 現在の文と過去の文

テスト直前 最終チェック！で テスト直前もバッチリ！

テスト直前の短時間でもパッと見て要点をおさえられるまとめページもあります。

もくじ

が暗記アプリでも使える！

ページ画像データをダウンロードして，
スマホでも「定期テスト出るナビ」を使ってみよう！

暗記アプリ紹介&ダウンロード 特設サイト

スマホなどで赤フィルター機能が使える便利なアプリを紹介します。下記のURL，または右の二次元コードからサイトにアクセスしよう。自分の気に入ったアプリをダウンロードしてみよう！

Webサイト https://gakken-ep.jp/extra/derunavi_appli/

「ダウンロードはこちら」にアクセスすると，上記のサイトで紹介した赤フィルターアプリで使える，この本のページ画像データがダウンロードできます。使用するアプリに合わせて必要なファイル形式のデータをダウンロードしよう。

※データのダウンロードにはGakkenIDへの登録が必要です。

ページデータダウンロードの手順

①アプリ紹介ページの「ページデータダウンロードはこちら」にアクセス。

②Gakken IDに登録しよう。

③登録が完了したら，この本のダウンロードページに進んで，
下記の『書籍識別ID』と『ダウンロード用PASS』を入力しよう。

④認証されたら，自分の使用したいファイル形式のデータを選ぼう！

書籍識別ID	testderu_c2e
ダウンロード用PASS	Gv5m6wk8

〈注 意〉
◎ダウンロードしたデータは，アプリでの使用のみに限ります。第三者への流布，公衆への送信は著作権法上，禁じられています。◎アプリの操作についてのお問い合わせは，各アプリの運営会社へお願いいたします。◎お客様のインターネット環境および携帯端末によりアプリをご利用できない場合や，データをダウンロードできない場合，当社は責任を負いかねます。ご理解，ご了承いただきますよう，お願いいたします。◎サイトアクセス・ダウンロード時の通信料はお客様のご負担になります。

1 be動詞を使った文

am, are, is（be動詞の現在形）を使う文です。

1 | be動詞の現在形 / 否定文

Bill is my friend. ビルは私の友だちです。

I am not Ann. 私はアンではありません。

◎「～は…です」と言うときは，**am, are, is** を使う。
└be動詞という。

◎主語がI → **am**，you や複数→ **are**，3人称単数→ **is**。
└I, you 以外の単数の人やもの

◎am，are，is のあとに**「場所を表す語句」**がくるときは，「～**にあります〔います〕**」の意味。

例）My mother **is in the garden.** 私の母は庭にいます。
└場所を表す。

◎be動詞の**否定文**は，**be動詞のあとに not** をおく。

◎否定の短縮形は，is not → **isn't** / are not → **aren't**。
am not は短縮形がないので，I'm not の形を使う。

2 | be動詞の疑問文

Are you a student? あなたは学生ですか。

— Yes, I am. はい，そうです。

◎be動詞の**疑問文**は，**be動詞を主語の前**におく。

◎答え方…
「はい」→ Yes, ～ be 動詞 .
「いいえ」→ No, ～ be 動詞＋ not.

ミス注意 疑問詞を使う場合は，疑問詞を文頭におく。答えの文では Yes, No は使わない。
Who is that girl? — She's my sister. あの女の子はだれですか。— 彼女は私の妹〔姉〕です。

テストの例題チェック

テストでは 主語と be動詞の関係，be動詞の意味，疑問文の語順などに注意。

1 (　　)に am, are, is の中から適するものを入れなさい。

① I (am) a soccer fan.

② Your mother (is) a teacher.

③ Tom and I (are) in the same class. ～ and …の形の主語は複数。
└「同じ」

④ (Are) you Ms. Green? — Yes, I (am).

⑤ Those flowers (are) very beautiful. those ～(あれらの～)は複数。
└「あれらの」　└「花」

2 (　　)に適する語を入れなさい。

① (My) name (is) Ken.　私の名前はケンです。

② (That's) (your) room.　あちらはあなたの部屋です。
That is の短縮形を使う。

③ We (are) good (friends).　私たちは親友です。

④ His cap (is) on the desk.　彼の帽子は机の上にあります。

⑤ (This) (is) Yuki. (She's) my friend.
こちらはユキです。彼女は私の友だちです。　She is の短縮形を使う。

⑥ These books (aren't) mine. (They) (are) Ken's.
└「これらの」
これらの本は私のものではありません。それらはケンのものです。

3 (　　)に適する語を入れなさい。

① A: (Are) you from Osaka?　あなたは大阪出身ですか。
B: No, (I'm) (not).　いいえ，ちがいます。

② A: (Is) this your pen?　これはあなたのペンですか。
B: Yes, (it) (is).　はい，そうです。

③ A: (What's) that?　あれは何ですか。
B: (It's) a hotel.　(それは)ホテルです。　どちらも短縮形を使う。

2 一般動詞を使った文

like, play など，be 動詞(am, are, is)以外の動詞を使う文です。

1 | 一般動詞の現在形

I like soccer. 私はサッカーが好きです。

She likes music. 彼女は音楽が好きです。

◎like, play などの動詞(一般動詞)の現在形は，主語が **3 人称単数**のときは，**動詞の語尾に s または es** がつく。

主語が I，you や複数	They play tennis.	彼らはテニスをします。
主語が 3 人称単数	Ken plays tennis.	ケンはテニスをします。

◎have は，主語が 3 人称単数のときは has。

2 | 疑問文 / 否定文

Do you like dogs? — **Yes, I do.**
あなたは犬が好きですか。 はい，好きです。

Does he play soccer? — **Yes, he does.**
彼はサッカーをしますか。 はい，します。

◎一般動詞の現在の疑問文は，Do か Does を使う。
主語が **3 人称単数**のときは Does を使い，あとの動詞は**原形**。

◎一般動詞の現在の否定文は，don't（= do not）か doesn't（= does not）を使う。
主語が **3 人称単数**のときは doesn't で，**動詞は原形**。

例) He **doesn't** have a bike. 彼は自転車を持っていません。
（have：動詞の原形(s や es のつかないもとの形)）

テストの例題チェック

テストでは 3人称単数・現在形の形や，doとdoesの使い分けを押さえる。

1 (　　)に適する語を[　　]から選びなさい。

① My brother (plays) the guitar. [play / plays]
私の兄はギターをひきます。

② Tom (speaks) Japanese well. [speak / speaks]
トムは日本語をじょうずに話します。

③ (Do) you walk to school? [Are / Do / Does]
あなたは歩いて学校へ行きますか。

④ (Does) your brother use a computer? [Do / Does]
あなたの弟さんはコンピューターを使いますか。

⑤ They (don't) like sports. [aren't / don't / doesn't]
彼らはスポーツが好きではありません。

! 主語 they は複数。

2 [　　]の指示にしたがって書きかえなさい。

① Kumi has a new bag. 〔疑問文に〕
→(Does) Kumi (have) a new bag?

② He watches TV on Sunday. 〔否定文に〕
→He (doesn't) (watch) TV on Sunday.

! 疑問文や否定文では，動詞は原形。

3 (　　)に適する語を入れなさい。

① A: (Do) you (like) English? あなたは英語が好きですか。
B: No, I (don't). いいえ，好きではありません。

② A: (Does) he (live) in Nara? 彼は奈良に住んでいますか。
B: Yes, he (does). はい，住んでいます。

③ A: (When) (does) he study? 彼はいつ勉強しますか。
B: He (studies) before dinner. 彼は夕食前に勉強します。

3 一般動詞の過去形

「〜しました」と過去のことを言うときの文です。

1 | 規則動詞の過去形

I visited my uncle yesterday.

私はきのう，おじを訪ねました。

◎過去のことを言うときは，**動詞の過去形**を使う。

◎規則動詞…play → play**ed** のように**語尾に ed または d** をつける。

ed のつけ方	原形 → 過去形
ふつうの語は，そのまま ed	help → (helped)
e で終わる語は，d だけ	live → (lived)
語尾が〈子音字+y〉の語は，y を i に変えて ed	study → (studied)
語尾が〈短母音+子音字〉の語は，1字重ねて ed	stop → (stopped)

ミス注意　一般動詞の過去形は，主語が何であっても形は変わらない。

2 | 不規則動詞の過去形

He went to Kyoto last summer.

彼はこの前の夏，京都へ行きました。

◎不規則動詞… go → **went** のように，1 語 1 語形が変わる。

come（来る）→ came　　say（言う）→ said
do（する）→ did　　have（持っている）→ had
take（とる）→ took　　speak（話す）→ spoke
see（見る）→ saw　　give（与える）→ gave

テストの例題チェック

テストでは 規則動詞，不規則動詞の過去形が正しく書けるようにしておく。

2章

1 [　　]の語を適する形にして，(　　)に入れなさい。

① I (saw) Ken two days ago. [see]
私は 2 日前にケンに会いました。 └「～前に」

② She (walked) to school yesterday. [walk]
彼女はきのう，歩いて学校へ行きました。

③ My uncle (gave) a book to me. [give]
私のおじは私に本をくれました。

④ Yumi (studied) math after dinner. [study]
ユミは夕食後に数学を勉強しました。 └「夕食後」

⑤ We (watched) TV for two hours. [watch]
私たちは 2 時間テレビを見ました。 └「2時間」

⑥ Mr. Brown (came) to Japan last month. [come]
ブラウン先生は先月，日本に来ました。 └「先月」

⑦ Mari (went) to bed at ten last night. [go]
マリは，昨夜は10時に寝ました。 └「昨夜」

! go to bed =「寝る」。

2 過去の文に書きかえなさい。

① Kenji plays soccer after school.
→ Kenji (played) soccer after school.

② Ms. Sato lives in Canada.
→ Ms. Sato (lived) in Canada.

③ He gets up at six.
→ He (got) up at six.

! get up =「起きる」。get は不規則動詞。

④ They have a good time.
→ They (had) a good time.

! have a good time =「楽しい時を過ごす」。have は不規則動詞。

4 過去の疑問文 / 否定文

「～しましたか」とたずねる文と，「～しませんでした」と打ち消す文です。

1｜過去の疑問文

Did you go to the park yesterday?

あなたはきのう，公園へ行きましたか。

— Yes, I did. / No, I didn't.

はい，行きました。/ いいえ，行きませんでした。

◎ 一般動詞の過去の疑問文は，**Did を主語の前**におく。

◎ 動詞は**原形**を使い，〈Did ＋主語＋**動詞の原形** ～?〉の形。

ミス注意 疑問文の形は規則動詞の場合も，不規則動詞の場合も同じ。また，主語が何であってもこの形は変わらない。

◎ 答え方：「はい」→ Yes, ～ did. /「いいえ」→ No, ～ didn't.

didn't は **did not の短縮形**。

ミス注意 疑問詞で始まる疑問文に答えるときは，動詞は過去形を使う。

What time did you get up?　あなたは何時に起きましたか。

— I got up at six.　私は6時に起きました。

2｜過去の否定文

I didn't study English last night.

私は昨夜，英語を勉強しませんでした。

◎ 一般動詞の過去の否定文は，**didn't を動詞の前**におく。

（didn't = did not）

◎ 動詞は**原形**を使い，〈主語＋ didn't ＋**動詞の原形** ～.〉の形。

規則動詞のときも不規則動詞のときも，否定文の形は同じ。

テストの例題チェック

テストでは 主語や現在と過去の区別に注意し，do, does, did の使い分けができるようにしておく。

1 (　　)に適する語を入れなさい。

① (Did) you watch TV last night?
あなたは昨夜，テレビを見ましたか。

② (Did) Ken (play) the guitar?
ケンはギターをひきましたか。
! 過去の疑問文。動詞の形に注意。

③ What time (does) your school start?
あなたの学校は何時に始まりますか。
! 現在の疑問文。主語は 3 人称単数。

④ I (didn't) do my homework yesterday.
私はきのう，宿題をしませんでした。

⑤ Tom (didn't) (go) to Kyoto last week.
トムは先週，京都に行きませんでした。

2 [　　]の指示にしたがって書きかえなさい。

① He saw many dogs in the park.　〔疑問文に〕
→ (Did) he (see) many dogs in the park?

② We studied American history.　〔否定文に〕
→ We (didn't) (study) American history.
history「歴史」
! 疑問文や否定文では，動詞は原形を使う。

3 (　　)に適する語を入れなさい。

① A: (Did) he help you?　彼はあなたを手伝いましたか。
B: Yes, he (did).　はい，手伝いました。

② A: (Did) you enjoy your trip?　あなたは旅行を楽しみましたか。
B: No, I (didn't).　いいえ，楽しみませんでした。

③ A: What (did) he (do) there?　彼はそこで何をしましたか。
B: He (took) many pictures.　彼は写真をたくさんとりました。
! 「写真をとる」＝ take pictures。

5 be動詞の過去形

「～でした」「～にいました」のように過去のことを言うときの文です。

1 | was の文

I was busy yesterday. 私はきのう忙しかった。

He was at home then. 彼はそのとき家にいました。

◎ be動詞 am の過去形は was。is の過去形も was。

◎ 主語が I または 3 人称単数のとき，「～でした」「～にいました〔ありました〕」という過去の文は，was を使う。

現在の文	I am happy.	She is happy.
	⬇ am の過去形は was。	⬇ is の過去形も was。
過去の文	I was happy.	She was happy.

2 | were の文

We were very happy last Saturday.

私たちはこの前の土曜日とても幸せでした。

◎ be動詞 are の過去形は were。

◎ 主語が you や複数のとき，be 動詞の過去の文は were を使う。

be動詞の使い分け

主　語	現　在	過　去
I	am	was
3 人称単数	is	
you または複数	are	were

ミス注意 〈～ and …〉の形の主語は複数。be動詞の過去形は were を使う。

テストの例題チェック

テストでは 現在と過去の区別や，was とwereが使い分けられるようにしておく。

2章

1 (　　)に適する語を下の[　　]から選びなさい。

① It (was) cold yesterday.
[is / are / was / were]

② Bob and I (were) in the park last Sunday.
[am / is / was / were]

! 主語は〈～ and …〉の形。

③ I (was) late for school yesterday.
[am / is / was / were]

! be late for school ＝「学校に遅れる」。

2 過去の文に書きかえなさい。

① I'm at school.
→ I (was) at school yesterday. 私はきのう学校にいました。

! I'm = I am。

② You're busy.
→ You (were) busy yesterday. あなたはきのう忙しかった。

! You're = You are。

③ He's in Hawaii. └「ハワイ」
→ He (was) in Hawaii last year. 彼は昨年ハワイにいました。

! He's = He is。

3 (　　)に適する語を入れなさい。

① The boy (was) nine last year.
その少年は昨年９歳でした。

② Ken and Tom (were) good friends.
ケンとトムは親友でした。

③ I (was) a junior high school student then. └「そのとき」
私はそのとき中学生でした。

④ You (were) in your room at nine last night.
あなたは昨夜の９時には自分の部屋にいました。

6 was〔were〕の疑問文 / 否定文

「〜でしたか」とたずねる文と，「〜ではありませんでした」と打ち消す文です。

1 | was・were の疑問文

Were you busy last Sunday?

あなたはこの前の日曜日，忙しかったですか。

— Yes, I was. はい，忙しかったです。

— No, I wasn't. いいえ，忙しくありませんでした。

◎ be 動詞の過去の**疑問文**は，**was〔were〕を主語の前**に出して，〈Was〔Were〕+主語 〜?〉の形。

◎ Was〔Were〕 〜? には，**was〔were〕を使って**答える。

「はい」 → Yes, 〜 was〔were〕.
「いいえ」 → No, 〜 wasn't〔weren't〕.
（= was not　= were not）

ミス注意 疑問詞で始まる疑問文には，Yes, No ではなく具体的に答える。

Where were you yesterday? あなたはきのう，どこにいましたか。
— I was at school. 私は学校にいました。

2 | was・were の否定文

He wasn't in Japan last month.

彼は先月，日本にいませんでした。

◎ be動詞の過去の**否定文**は，〈was〔were〕+ not〉の形。

◎ 短縮形…
was not → wasn't
were not → weren't

テストの例題チェック

テストでは was と were の使い分けと，be 動詞の過去の疑問文・否定文に慣れておく。

1 (　　)に適する語を入れなさい。

① (Was) the class interesting? — Yes, it (was).
└「授業」
授業はおもしろかったですか。— はい，おもしろかったです。

② (Were) they kind to you? — No, they (weren't).
彼らはあなたに親切でしたか。— いいえ，親切ではありませんでした。

③ It (was) (not) cold yesterday. ❗ 寒暖を表す文では It を主語にする。
きのうは寒くありませんでした。

④ We (weren't) in the classroom then. ❗ were not の短縮形を入れる。
私たちはそのとき教室にいませんでした。

2 〔　　〕の指示にしたがって書きかえなさい。

① You were tired yesterday. 〔疑問文に〕
└「疲れた」
→ (Were) (you) tired yesterday?

② Bill was a good student. 〔否定文に〕
→ Bill (wasn't) a good student.

3 (　　)に適する語を入れなさい。

① A: (Was) Paul fifteen? ポールは15歳でしたか。
B: No, he (wasn't). いいえ，そうではありません。

② A: (Were) you at home? あなたは家にいましたか。
B: Yes, I (was). はい，いました。

③ A: How (was) the weather? 天気はどうでしたか。
└「天気」
B: It (was) sunny. 晴れていました。

④ A: Who (was) in the room? だれが部屋にいましたか。
B: Yuki and Ken (were). ユキとケンがいました。

❗ 疑問詞の主語はふつう 3 人称単数扱い。

7 文法のまとめ①

be 動詞と一般動詞の現在形，過去形の使い方のまとめです。

be動詞の文

◎be動詞の現在形…am，are，isの３つ。

◎be動詞の過去形…wasとwereの２つ。

主　語	現在	過去
I	am	was
３人称単数	is	
you と複数	are	were

◎疑問文の形…

〈be動詞＋主語 ～?〉

◎否定文の形…

〈be動詞＋ not〉

一般動詞の文

◎現在形…主語が**３人称単数**のときは，**語尾に s または es**。

◎過去形…**語尾に ed または d** をつけるもの(規則動詞)と，**不規則に変化**するもの(不規則動詞)がある。

現在	主語が I, you, 複数	play	go	have
	主語が３人称単数	plays	goes	has
過去	すべての主語	played	went	had

◎疑問文…現在は Do か Does，過去は **Did** を使う。
└主語が３人称単数のとき。

現　在　Do you play tennis?　あなたはテニスをしますか。

Does he play tennis?　彼はテニスをしますか。

過　去　Did he play tennis?　彼はテニスをしましたか。

◎否定文…現在のときは **don't** か **doesn't**，過去のときは **didn't** を動詞の前におく。
(don't └＝do not　doesn't └＝does not　didn't └＝did not)

ミス注意　疑問文・否定文では，動詞は必ず原形を使う。

テストの例題チェック

テストでは 主語と現在の文か過去の文かに注意して，動詞の形を判断する。疑問文・否定文の形にも注意。

1 (　　)に適する語を下の[　　]から選びなさい。

① We (are) from Canada.　私たちはカナダ出身です。
[am / is / are / was / were]

② I (was) busy last week.　私は先週，忙しかった。
[am / is / are / was / were]

③ He (speaks) English well.　彼は英語をじょうずに話します。
[speak / speaks / spoke]
! 主語が3人称単数で現在の文。

④ She (walked) to school.　彼女は歩いて学校へ行きました。
[walk / walks / walked]
! 過去形は主語が何であっても形は変わらない。

⑤ I (got) up early today.　私はきょう，早く起きました。
[get / gets / got]
! get は不規則動詞。

2 (　　)に適する語を入れなさい。

① (Did) she (study) English last night?
彼女は昨夜，英語を勉強しましたか。

② (Were) you in the classroom then?
あなたがたはそのとき教室にいましたか。
! 「〜にいる」は be 動詞で表す。

③ Where (does) your brother (live)?
あなたのお兄さんはどこに住んでいますか。

④ How (was) the weather in Nara yesterday?
きのうの奈良の天気はどうでしたか。
! be 動詞の過去の疑問文。

⑤ I (didn't) (go) to the park last Sunday.
私はこの前の日曜日，公園へ行きませんでした。

⑥ My father (wasn't) at home last week.
私の父は先週，家にいませんでした。
! was not の短縮形を使う。at home は「家に〔で〕」。

8 過去進行形の文 / 否定文

「～していました」と，過去のあるときに動作が進行していたことを表す文です。

1｜過去進行形の形と意味

I was watching TV then.

私はそのときテレビを見ていました。

◎過去進行形の文は，〈was〔were〕+動詞の ing 形〉の形で，「～していました」「～しているところでした」の意味。

◎主語が I または **3 人称単数**のときは〈was + ～ing〉の形，you または**複数**のときは〈were + ～ing〉の形。

現在進行形	They are playing tennis. ↑〈be 動詞の現在形＋～ing〉➡「～している」	彼らはテニスをしています。
過去進行形	They were playing tennis. ↑〈be 動詞の過去形＋～ing〉➡「～していた」	彼らはテニスをしていました。

2｜過去進行形の否定文

He wasn't running in the park.

彼は公園を走っていませんでした。

◎過去進行形の否定文は，was〔were〕のあとに not をおく。

◎〈was〔were〕 not + ～ing〉の形で，「～していませんでした」の意味。短縮形 wasn't, weren't もよく使われる。

例）We **weren't studying** at the library.

私たちは図書館で勉強していませんでした。

テストの例題チェック

テストでは 過去進行形の形を覚え，「〜していました」の文が作れるようにする。

1 (　　)に適する語を[　　]から選びなさい。

① She (was) reading a book. [is / was / were]
彼女は本を読んでいました。
❗「〜していた」の意味。

② My mother was (cooking). [cooked / cooking]
私の母は料理をしていました。

③ They (weren't) working. [didn't / weren't]
彼らは働いていませんでした。
❗ あとに動詞の ing 形が続いていることに注目。

2 過去進行形(〜していた)の文に書きかえなさい。

① I'm writing an e-mail.
❗ もとの文は現在進行形の文。
→ I (was) (writing) an e-mail.

② We studied English.
❗ もとの文は過去の文。
→ We (were) (studying) English.

3 (　　)に適する語を入れなさい。

① I (was) (playing) the guitar then.
└「そのとき」
私はそのときギターをひいていました。

② Ken and Akira (were) (listening) to music.
ケンとアキラは音楽を聞いていました。
❗「〜していた」は過去進行形。

③ Mr. Brown (was) (washing) his car.
ブラウンさんは車を洗っていました。

④ My sister (wasn't) (using) a computer.
私の姉はコンピューターを使っていませんでした。
❗ 過去進行形の否定文。

⑤ We (weren't) (watching) TV at that time.
└「そのとき」
私たちはそのときテレビを見ていませんでした。
❗「テレビを見る」は watch TV。

9 過去進行形の疑問文

過去のあるときに「～していましたか」とたずねるときの文です。

1 | 疑問文の形と意味

Were you listening to music?

あなたは音楽を聞いていたのですか。

— Yes, I was. はい，聞いていました。

— No, I wasn't. いいえ，聞いていませんでした。

◎過去進行形の疑問文は「～していましたか」の意味で，**was〔were〕を主語の前に**おく。

◎主語がＩや３人称単数なら〈Was ＋主語＋～ing …?〉の形で，you や複数なら〈Were ＋主語＋～ing …?〉の形。

◎答え方…「はい」 → Yes, ～ was〔were〕.
「いいえ」 → No, ～ wasn't〔weren't〕.
└＝was not └＝were not

2 | 疑問詞で始まる疑問文

What was Ken doing then?

ケンはそのとき何をしていましたか。

— He was studying. (彼は)勉強していました。

◎what などの疑問詞は文頭において，〈**疑問詞＋ was〔were〕＋主語＋～ing …?**〉の形。答えるときも**過去進行形**を使う。

くわしく What was〔were〕～ doing? は「～は何をしていたか」とたずねる文。答えの文では，過去進行形を使って「していた内容」を言う。

テストの例題チェック

テストでは 「何をしていましたか」とたずねる文や，それに答える文に慣れておく。

1 (　　)に適する語を[　　]から選びなさい。

① (Was) the boy running?　[Do / Was / Were]
その少年は走っていましたか。

② Were they (playing) tennis?　[played / playing]
彼らはテニスをしていましたか。

③ (Were) you having lunch?　[Did / Was / Were]
— Yes, I (was).　[did / was / were]
あなたは昼食を食べていましたか。— はい，食べていました。

2 過去進行形の疑問文(～していたか)に書きかえなさい。

① Are you riding a bike?
→ (Were) you (riding) a bike?
be 動詞を過去形に変える。
あなたは自転車に乗っていましたか。

② Did she play the piano?
→ (Was) she (playing) the piano?
be 動詞と～ing を使う。
彼女はピアノをひいていましたか。

3 (　　)に適する語を入れなさい。

① A: (Was) your brother (studying) then?
あなたのお兄さんはそのとき勉強していましたか。
B: Yes, he (was).　はい，していました。

② A: (Were) Tom and Ken (watching) TV?
トムとケンはテレビを見ていましたか。
B: No, they (weren't).　いいえ，見ていませんでした。

③ A: What (was) Yoko (doing) at that time?
ヨウコはそのとき何をしていましたか。
「する」は動詞の do。
B: She (was) (swimming).　彼女は泳いでいました。
過去進行形で答える。

テスト直前 最終チェック!

be 動詞の文

① be 動詞の現在形と過去形

➡ be 動詞の現在形は am, is, are, 過去形は was, were。

主語	現在	過去
I	am	was
3人称単数	is	was
you と複数	are	were

② 現在進行形と過去進行形 ➡ 〈be 動詞＋動詞の ing 形〉の形。

➡ be 動詞は主語と現在か過去かに合わせて，am, is, are, was, were を使い分ける。

③ 否定文 ➡ be 動詞のあとに not をおく。

➡ 短縮形は isn't(= is not), aren't(= are not), wasn't(= was not), weren't(= were not)。

❗ am not に短縮形はない。

④ 疑問文 ➡ be 動詞を主語の前におく。

➡ 答えるときは，be 動詞を使って，Yes / No で答える。

Are they in the classroom?　彼らは教室にいますか。

「はい」→ Yes, they are. / 「いいえ」→ No, they aren't.

⑤ 疑問詞がつく場合 ➡ 疑問詞を文の最初におく。

What was he doing?　彼は何をしていましたか。

現在の文と過去の文

一般動詞の文

① 一般動詞の現在形と過去形

➡ 主語が3人称単数で現在のときは，動詞の語尾に(e)sをつける。

➡ 過去の文のときは，

規則動詞の場合　動詞の語尾に(e)dをつける。

不規則動詞の場合　不規則に変化する。

② 否定文 ➡ 動詞の前に do not / does not / did not をおく。

She doesn't watch TV.　彼女はテレビを見ません。

She didn't watch TV.　彼女はテレビを見ませんでした。

③ 疑問文 ➡ 主語の前に Do / Does / Did をおく。

Does he play soccer?　彼はサッカーをしますか。

Did he play soccer?　彼はサッカーをしましたか。

◎答えるときは do / does / did を使って，Yes / No で答える。

「はい」 → Yes, ~ do〔does/did〕.

「いいえ」→ No, ~ don't〔doesn't/didn't〕.

④ 疑問詞がつく場合 ➡ 疑問詞を文の最初におく。

What did you do last Saturday?

あなたはこの前の土曜日に何をしましたか。

10 be going to の文 / 否定文

「～するつもりです」「～するでしょう」など，未来のことを表す文です。

1 | be going to の文

I am going to play tennis tomorrow.

私はあす，テニスをするつもりです。

◎未来のことは，be going to を動詞の前において表す。

現在 He visits Kyoto. 彼は京都を訪れます。

動詞の前に　⬇動詞は原形

未来 He is going to visit Kyoto. 彼は京都を訪れるつもりです。

ミス注意 be going to の be は，主語によって am, are, is を使い分ける。また，be going to のあとの動詞は必ず原形。

◎〈be going to ＋**動詞の原形**〉の形で，「～するつもりです」「～するでしょう」「～する予定です」などの意味。

例）We're **going to** go to the sea.
└＝We are
私たちは海へ行くつもりです。

2 | be going to の否定文

I am not going to study today.

私はきょう，勉強するつもりはありません。

◎be going to ～の否定文は，**be動詞のあとにnot**をおく。

◎〈**be動詞**＋ not ＋ going to ＋**動詞の原形**〉の形で，「～するつもりはありません」「～しないでしょう」などの意味。

テストの例題チェック

テストでは 未来を表す語句，be 動詞の使い分け，動詞の形などに注意する。

1 (　　)に適する語を下の[　　]から選びなさい。

① We're (going) to have a party next week.
[go / going / went]　私たちは来週パーティーを開くつもりです。

② Yumi is going to (clean) her room.
[clean / cleans / cleaned]　ユミは部屋をそうじするつもりです。

③ Masao (isn't) going to go to the park.
[doesn't / didn't / isn't]　マサオは公園へ行かないでしょう。

2 [　　]の指示にしたがって書きかえなさい。

① He does his homework.　〔be going to を使った未来の文に〕
→ He is (going) (to) (do) his homework.

② They are going to play soccer.　〔否定文に〕
→ They (aren't) (going) (to) play soccer.

3 (　　)に適する語を入れなさい。

① I'm (going) (to) get up early tomorrow.
私はあす早く起きるつもりです。

② It (is) (going) to rain.
雨が降るでしょう。
❗ これから先のことなので，未来の文で表す。

③ He's (going) (to) learn Chinese.
彼は中国語を習うつもりです。

④ We (are) (going) to see him at three.
私たちは 3 時に彼と会うことになっています。

⑤ I'm (not) (going) to (go) shopping tomorrow.
私はあす買い物に行くつもりはありません。
❗「買い物に行く」＝ go shopping。

11 be going to の疑問文

「～するつもりですか」など，未来のことをたずねるときの文です。

1 | be going to の疑問文

Are you going to play tennis?

あなたはテニスをするつもりですか。

— Yes, I am. はい，するつもりです。

— No, I am not. いいえ，するつもりはありません。

◎ be going to ～の疑問文は，**be 動詞を主語の前**におく。

◎〈**be動詞**＋主語＋**going to**＋**動詞の原形** ～?〉の形で，「～する予定ですか」「～するつもりですか」などの意味。

◎ 答え方は，ふつうの be動詞の文の場合と同じ。

Is he going to ～? ➡ はい Yes, he is. / いいえ No, he isn't.

2 | 疑問詞で始まる疑問文

What are you going to do tomorrow?

あなたはあす，何をするつもりですか。

— I am going to visit my friend.

私は友だちを訪ねるつもりです。

◎ 疑問詞は文頭において，〈**疑問詞**＋ be動詞＋主語＋ going to ＋**動詞の原形** ～?〉の形。

テストの例題チェック

テストでは be going to を使った未来のことをたずねる文や答え方に慣れておく。

1 (　　)に適する語を下の[　　]から選びなさい。

① (Are) you going to go to Canada next month?
[Do / Did / Are]　あなたは来月カナダへ行くつもりですか。

② Is she (going) to help you?
[go / goes / going]　彼女はあなたを手伝うでしょうか。

③ What is he going to (do) this afternoon?
[do / does / doing]　彼はきょうの午後，何をする予定ですか。

2 [　　]の指示にしたがって書きかえなさい。

① Yuki is going to play the piano.　〔疑問文に〕
→ (Is) Yuki (going) to play the piano?

② What do you do?　〔未来の疑問文に〕
→ What (are) you (going) (to) do?

「あなたは何をするつもりですか」の文。

3 (　　)に適する語を入れなさい。

① A: (Is) your mother (going) to go shopping?
あなたのお母さんは買い物に行く予定ですか。

B: No, she (isn't).　いいえ，行く予定ではありません。

② A: (Are) you (going) to use a computer today?
あなたはきょう，コンピューターを使うつもりですか。

B: Yes, I (am).　はい，使うつもりです。

③ A: (Where) (are) you going (to) visit tomorrow?
あなたはあす，どこを訪れるつもりですか。

B: I'm (going) (to) visit Kanazawa.
私は金沢を訪れるつもりです。

答えるときも be going to を使う。

4章

12 will の文

willを使って，「～するでしょう」「～します」などと未来を表す文です。

1 | will の文

I will call him this afternoon.

私はきょうの午後，彼に電話します。

◎未来のことは，be going to ～ のほかに，will でも表せる。

◎will は**動詞の前**におき，動詞は必ず**原形**にする。

ミス注意 will は助動詞の1つで，主語が何であっても形は変わらない。

◎〈will ＋**動詞の原形**〉の形で，「～するでしょう」「～します」「～するつもりです」などの意味を表す。

◎〈主語(代名詞)＋ will〉は，～'ll の形の短縮形がよく使われる。

I will → I'll / you will → you'll / he will → he'll / she will → she'll
it will → it'll / we will → we'll / they will → they'll

2 | will be ～の文

I will be home at four.

私は4時には家にいるでしょう。

◎be動詞の原形 be を使った **will be** ～は，**「～でしょう」「～になるでしょう」**などの意味を表す。

例）It **will be** sunny tomorrow.　あすは晴れるでしょう。

He'll **be** busy next month.　彼は来月忙しくなるでしょう。

テストの例題チェック

テストでは 未来を表す2つの形を覚え，使い分けられるようにしておく。

1 (　　)に適する語を[　　]から選びなさい。

① I (will) play tennis next Sunday.　[going / will]
私は今度の日曜日にテニスをするつもりです。

② I'm (going) to see her tomorrow.　[going / will]
私はあす彼女に会うつもりです。
前に be 動詞があることに注目。

③ She will (be) ten tomorrow.　[is / be]
彼女はあす10歳になります。
前に will があることに注目。

2 [　　]の指示にしたがって書きかえなさい。

① I study math after school.　〔will の文に〕
→ I (will) (study) math after school.

② Ken plays the guitar.　〔tomorrow を加えて〕
→ Ken (will) (play) the guitar tomorrow.

③ It is cloudy.　〔未来の文に〕
→ It (will) (be) cloudy.
is の原形を使う。

3 (　　)に適する語を入れなさい。

① I (will) (do) my best.
私は最善をつくすつもりです。
「最善をつくす」＝ do ～'s best。

② (They'll) (sing) this song tomorrow.
彼らはあすこの歌を歌うでしょう。
〈主語＋ will〉の短縮形を使う。

③ (It'll) (be) hot tomorrow.
あすは暑くなるでしょう。
〈主語＋ will〉の短縮形を使う。

④ (I'll) (go) to Bob's house this evening.
私は今晩ボブの家に行こうと思います。
「～しようと思う」は will を使って表す。

13 will の疑問文 / 否定文

「～するでしょうか」「～しないでしょう」など，will の疑問文や否定文です。

1 | will の疑問文

Will he go to Kyoto next week?

彼は来週，京都へ行くでしょうか。

— Yes, he will. / No, he will not.

はい，行くでしょう。/ いいえ，行かないでしょう。

◎ will の疑問文は，**will を主語の前**に出す。

◎〈Will＋主語＋**動詞の原形** ～?〉の形で，「～するでしょうか」「～するつもりですか」「～しますか」などの意味。

◎答え方… 「はい」 → Yes, ～ will.
「いいえ」 → No, ～ will not［won't］.

└ will not の短縮形

ミス注意 疑問詞は文頭におき，Yes, Noでは答えない。

When will he leave for America? 彼はいつアメリカに出発しますか。

— He'll leave next month. 彼は来月出発します。

2 | will の否定文

He will not play tennis tomorrow.

彼はあすテニスをしないでしょう。

◎「～しないでしょう」「～するつもりはありません」などという will の否定文は，〈**will not ＋動詞の原形**〉の形。

◎ will not の短縮形は won't［ウォウント］。

例）She **won't be** late. 彼女は遅れないでしょう。

テストの例題チェック

テストでは will を使った未来の疑問文や否定文を作れるようにしておく。

1 (　　)に適する語を[　　]から選びなさい。

① (Will) she go there next month?　[Is / Does / Will]
彼女は来月そこへ行くでしょうか。

② I (will) not read the book.　[am / do / will]
私はその本を読まないつもりです。

③ (Is) he going to play tennis?　[Is / Will / Does]
彼はテニスをするつもりですか。
あとの going to に注目。

2 [　　]の指示にしたがって書きかえなさい。

① They'll stay in Tokyo.　〔疑問文に〕
→ (Will) they (stay) in Tokyo?
彼らは東京に滞在するでしょうか。

② She'll make a cake.　〔否定文に〕
→ She (won't) (make) a cake.
彼女はケーキを作らないでしょう。

3 (　　)に適する語を入れなさい。

① A: (Will) he clean his room this weekend?
彼はこの週末に自分の部屋をそうじするでしょうか。　└「週末」
B: No, he (won't).　いいえ，しないでしょう。
will not の短縮形を使う。

② A: How (will) the weather (be) tomorrow?
あしたの天気はどうでしょうか。
be 動詞の原形を使う。
B: It (will) (be) rainy.　雨が降るでしょう。

③ A: (Will) Tom come back to Japan soon?
トムはまもなく日本へもどってくるでしょうか。
B: Yes, he (will).　はい，もどってくるでしょう。

テスト直前　最終チェック！

be going to の文

①「～する予定です」「～するつもりです」

➡〈am〔are, is〕＋ going to ＋動詞の原形〉の形。

➡ be 動詞は主語に合わせて am, are, is を使い分ける。

I am going to play tennis.　私はテニスをする予定です。

He is going to study math.　彼は数学を勉強する予定です。

②「～する予定ではありません」「～するつもりではありません」

➡ be 動詞のあとに not をおく。

We aren't going to go out.　私たちは外出する予定はありません。

③「～する予定ですか」「～するつもりですか」

➡ be 動詞を主語の前におく。

Is she going to stay home?　彼女は家にいるつもりですか。

－「はい」→ Yes, she is. /「いいえ」→ No, she isn't.

④ 疑問詞がつく場合 ➡ 疑問詞を文の最初におく。

What are you going to do today?

あなたはきょう，何をするつもりですか。

－ I am going to go shopping.　私は買い物に行くつもりです。

未来の文

☑ willの文

①「～するでしょう」「～します」➡〈will ＋動詞の原形〉の形。

➡〈主語＋ will〉は次のような短縮形をよく使う。

I will → I'll he will → he'll we will → we'll	you will → you'll she will → she'll they will → they'll	it will → it'll

➡ be going to が**すでに決まっている予定**を表すのに対して，will は**その場で決めた意志や未来に対する予想**を表すことが多い。

It will be sunny tomorrow.　あすは晴れるでしょう。

② **否定文** ➡ will のあとに not をおく。

➡ will not の短縮形 won't もよく使う。

I won't **go** to the party.　私はパーティーには行きません。

③ **疑問文** ➡ will を**主語の前**におく。

Will they **come** here?　彼らはここに来るでしょうか。

「はい」→ Yes, they will. /「いいえ」→ No, they won't.

④ **疑問詞がつく場合** ➡ 疑問詞を文の最初におく。

Where **will** she **go** this afternoon?

彼女は今日の午後どこへ行くでしょうか。

– She will **go** to the museum.　彼女は博物館へ行くでしょう。

4章

14 have to の文

「～しなければなりません」「～する必要はありません」と言うときの文です。

1 | have to の文

I have to do my homework now.

私は今，宿題をしなければなりません。

◎ have to ～ は **「～しなければなりません」**(必要・義務)の意味を表し，〈have to ＋動詞の原形〉の形で使う。

◎ 主語が３人称単数なら，〈has to ＋動詞の原形〉の形。

We have to study now.　私たちは今，勉強しなければなりません。

He has to study now.　彼は今，勉強しなければなりません。

くわしく　have toは[ハフトゥ]または[ハフタ]と発音する。また，has toは[ハストゥ]または[ハスタ]と発音する。

2 | have to の否定文 / 疑問文

You don't have to go there.

あなたはそこへ行く必要はありません。

Do I have to get up early?

私は早く起きなければなりませんか。

◎ 否定文…〈don't〔doesn't〕 have to ～〉の形で，**「～する必要はありません」「～しなくてもよい」**の意味。

◎ 疑問文…〈Do〔Does〕＋主語＋ have to ～?〉の形で，**「～しなければなりませんか」**。答えるときにも do〔does〕を使う。

✎テストの例題チェック

テストでは have to の疑問文や否定文では do か does を使うことを押さえる。

1 (　　)に適する語句を[　　]から選びなさい。

① I (have to) practice the piano.　[will / have to]
私はピアノを練習しなければなりません。

② Aki (has to) go home now.　[have to / has to]
アキはもう家に帰らなければなりません。
! 主語は3人称単数。

③ Lisa has to (study) math.　[study / studies]
リサは数学を勉強しなければなりません。
! has to のあとは動詞の原形。

④ He (doesn't) have to do it now.　[doesn't / isn't]
彼は今，それをする必要はありません。

2 [　　]の指示にしたがって書きかえなさい。

① I have to work hard.　〔下線の語を Tom に変えて〕
→ Tom (has) (to) work hard.

② We have to clean this room.　〔否定文に〕
→ We (don't) (have) (to) clean this room.

3 (　　)に適する語を入れなさい。

① Jim and Mike (have) (to) wash the dishes.
ジムとマイクは皿を洗わなければなりません。
! 主語は複数。

② Miki (has) (to) take care of her sister.
└「～の世話をする」
ミキは妹の世話をしなければなりません。
! 主語は3人称単数。

③ A: (Do) I (have) (to) help him?
私は彼を手伝わなければなりませんか。

B: No, you (don't).
! have to の疑問文に答えるときは，do〔does〕を使う。
いいえ，その必要はありません。

5章

15 must の文

助動詞 must を使って，「～しなければなりません」と言うときの文です。

1 | must の文

You must help your mother.

あなたはお母さんを手伝わなければなりません。

◎ must は「**～しなければなりません**」(義務)の意味を表す助動詞で，〈must ＋動詞の原形〉の形で使う。

くわしく　must は can などと同じ助動詞の 1 つ。したがって，主語による形の変化はなく，あとの動詞は必ず原形になる。

◎ must と have〔has〕to は，ほぼ同じ意味を表す。

2 | must の否定文 / 疑問文

You must not play soccer here.

ここでサッカーをしてはいけません。

Must I go now? — Yes, you must.

私はもう行かなければなりませんか。— はい，行かなければいけません。

◎ 否定文…〈must not ＋動詞の原形〉の形で，「**～してはいけません**」の意味。must not の短縮形は **mustn't**。
└禁止の意味。
└［マスント］と発音する。

◎ 疑問文…〈Must ＋主語＋動詞の原形 ～?〉の形で，「**～しなければなりませんか**」の意味。

くわしく　Must I〔we〕～? に「いいえ，その必要はありません」と答えるときは，ふつう No, you don't have to. と言う。

テストの例題チェック

テストでは must の文の形や，否定文の意味などを押さえる。

1 (　　)に適する語を[　　]から選びなさい。

① I (must) read this book. [can / must / will]
私はこの本を読まなければなりません。

② Tom must (stay) home. [stay / stays / stayed]
トムは家にいなければなりません。

③ You (mustn't) run here. [won't / don't / mustn't]
ここで走ってはいけません。
! mustn't は must not の短縮形。

2 [　　]の指示にしたがって書きかえなさい。

① Meg has to study hard. 〔ほぼ同じ内容の文に〕
→ Meg (must) (study) hard.

② You must take pictures here. 〔否定文に〕
→ You (must) (not) (take) pictures here.
! 禁止を表す文になる。

3 (　　)に適する語を入れなさい。

① Emi (must) (finish) her homework.
エミは宿題を終えなければなりません。

② You (mustn't) (swim) here.
あなたたちはここで泳いではいけません。
! 禁止を表す文なので，must の否定文にする。

③ I (don't) (have) (to) go to school today.
私はきょう学校へ行く必要はありません。
! 「～する必要はない」は have to の否定文で表す。

④ A: (Must) I (wash) the car?
私はその車を洗わなければなりませんか。
B: No, you (don't) (have) (to).
いいえ，その必要はありません。

5章

16 may / should, would

「～してもいいですか」の文や，その他の助動詞を使う文です。

1 may の用法

May I sit here? — Sure.

ここにすわってもいいですか。　いいですよ。

◎ may は「～してもよい」（許可）や「～かもしれない」（推量）の意味を表す助動詞で，〈may ＋動詞の原形〉の形で使う。

例）You **may use** this pen.　このペンを使ってもいいですよ。

◎「～してもいいですか」と許可を求めるときは，〈May I ＋動詞の原形 ～?〉の形。応じるときは，次のように言う。
（May I：Can I ～? よりていねいな言い方。）

許可	Sure. / Of course.	いいですよ。もちろんです。
	OK. / All right.	いいよ。
断る	Sorry, ～.	すみませんが，～です。

（～には許可できない理由を続ける。）

2 その他の助動詞の表現

should …「～すべきである」「～したほうがよい」

例）You **should study** more.　あなたはもっと勉強すべきです。

would like …「～がほしいのですが」　❗ want のていねいな表現。

例）**I'd like** some water.　私はお水がほしいのですが。
（I'd ＝ I would）

would like to …「～したいのですが」　❗ want to のていねいな表現。

例）**I'd like to call** her.　彼女に電話をしたいのですが。

テストの例題チェック

テストでは May I ～? の応じ方や，いろいろな助動詞の意味を押さえる。

1 (　　)に適する語を[　　]から選びなさい。

① We (should) save energy.　[may / could / should]
└「節約する」
私たちはエネルギーを節約するべきです。

② You (may) eat this apple.　[may / could / should]
あなたはこのリンゴを食べてもいいですよ。

③ (May) I try it?　[Should / Must / May]
それを試してみてもいいですか。
! 相手に許可を求めるときの表現。

2 ほぼ同じ内容のていねいな表現に書きかえなさい。

① Can I go with you?
→ (May) (I) go with you?
! Can I ～? は「～してもいいですか」の意味。

② I want a cup of coffee.
└「カップ 1 杯の」
→ I (would) (like) a cup of coffee.

3 (　　)に適する語を入れなさい。

① A: What (would) you (like) to buy?
! What do you want to ～? でもよい。
あなたは何を買いたいのですか。

B: (I'd) (like) (to) buy the DVD.
私はその DVD を買いたいのですが。
! would like to ～で「～したいのですが」。

② You (should) (practice) hard.
あなたは熱心に練習するべきです。

③ A: (May[Can]) (I) use your computer?
あなたのコンピューターを使ってもいいですか。

B: (Sorry). I'm using it now.
すみません。今，使っています。

5章

17 Could you ~? / Shall I ~?

相手に何かを頼んだり，相手の意向をたずねたりするときの文です。

1 | Could you ~? の文

Could you help me? — Sure.

私を手伝ってくださいませんか。　いいですよ。

◎「~してくださいませんか」と相手にものを頼むときは，

〈Could you (please)＋動詞の原形 ~?〉の形。

└よりていねいに言うときにつける。

◎答え方…
「いいですよ」→ Sure. / OK. / All right.
「すみません」→ I'm sorry, I can't.
└あとに断る理由を続ける。

くわしく　Could you ~? は Can you ~? よりもていねいに何かを頼むときの表現。
ほかにWill you ~?やWould you ~? と言うこともある。
Would you come to my house?　私の家へ来てくださいませんか。

2 | Shall I [we] ~? の文

Shall I help you?　(私が)お手伝いしましょうか。

Shall we go shopping?　(いっしょに)買い物に行きましょうか。

◎「(私が)~しましょうか」は，Shall I ~? の形。
└相手に申し出るときの文。　└動詞の原形

◎応じ方…
「はい，お願いします」→ Yes, please. / Thank you.
「いいえ，けっこうです」→ No, thank you.

◎「(いっしょに)~しましょうか」は，Shall we ~? の形。
└相手を誘う文。　└動詞の原形

◎応じ方…
「はい，そうしましょう」→ Yes, let's.
「いいえ，やめましょう」→ No, let's not.

テストの例題チェック

テストでは 依頼や提案を表す表現を正しく使い分けられるようにする。

1 (　　)に May, Could, Shall の中から適するものを入れなさい。

① (Could) you clean the room? — All right.
部屋をそうじしてくださいませんか。　いいですよ。

② (Shall) I carry your bag? — Yes, please.
あなたのかばんを運びましょうか。　はい，お願いします。

③ (May) I use this telephone? — Sure.
この電話を使ってもいいですか。　いいですよ。

④ (Shall) we go to the park? — Yes, let's.
いっしょに公園へ行きましょうか。　ええ，そうしましょう。

2 (　　)に適する語を入れなさい。

① (What) (shall) I do?　私は何をしましょうか。

② A: (Could〔Would〕) (you) come and help me?
私を手伝いに来てくださいませんか。

B: (Sorry), I can't.　I'm busy now.
すみませんが，できません。私は今，忙しいのです。

③ A: (Shall) (we) meet tomorrow?
あす，会いましょうか。　❗ 相手を誘うときの表現。Let's ～. とほぼ同じ意味。

B: Yes, (let's).　はい，そうしましょう。

3 次のような場合，どう言えばよいか，(　　)に適する語を入れなさい。

①「私がいっしょに行きましょうか」と相手に申し出るとき。
→ (Shall) (I) (go) with you?

②「放課後サッカーをしましょうか」と相手を誘うとき。
→ (Shall) (we) (play) soccer after school?

5章

テスト直前 最終チェック！

have to の文

❶「～しなければならない」➡〈have to ＋動詞の原形〉の形。

➡ 主語が3人称単数のときは〈has to ＋動詞の原形〉になる。

❷「～する必要はない」「～しなくてもよい」

➡〈don't have to ＋動詞の原形〉の形。

❸「～しなければなりませんか」

➡〈Do〔Does〕＋主語＋ have to ＋動詞の原形 ～?〉の形。

➡ 答えるときは，do〔does〕を使う。

Do I **have to go** there? 私はそこに行かなければなりませんか。

「はい」→ Yes, you do. / 「いいえ」→ No, you don't.

must の文

❶「～しなければならない」➡〈must ＋動詞の原形〉の形。

❷「～してはいけない」➡〈must not ＋動詞の原形〉の形。

➡ must not の短縮形は mustn't。

❗ 禁止の意味を表す。

❸「～しなければなりませんか」

➡〈Must ＋主語＋動詞の原形 ～?〉の形。

➡ 答えるときは，No の答え方に注意。

Must I **stay** home? 私は家にいなければなりませんか。

「はい」→ Yes, you must.

「いいえ」→ No, you don't have to.

助動詞

may の文

❶「～かもしれない」➡〈may ＋動詞の原形〉の形。

He may go home.　彼は家に帰るかもしれない。

❷「～してもいいですか」➡〈May I ＋動詞の原形 ～?〉の形。

May I ask a question?　質問してもいいですか。

「いいですよ」→ Sure. / OK. / All right.

「だめです」→ Sorry, ～.　❗ ～には許可できない理由を続ける。

should の文

❶「～すべきである」「～したほうがよい」

➡〈should ＋動詞の原形〉の形。

You should buy the book.　あなたはその本を買うべきです。

would の文

❶「～がほしいのですが」➡〈would like ＋動詞の原形〉の形。

I would like some tea.　紅茶がほしいのですが。

❷「～したいのですが」➡〈would like to ＋動詞の原形〉の形。

I'd like to drink some tea.　紅茶を飲みたいのですが。

└I would の短縮形

❸「～するのはいかがですか」「～したいですか」

➡〈Would you like to ＋動詞の原形 ～?〉の形。

Would you like to drink some tea?　紅茶はいかがですか。

18 名詞的用法の不定詞

〈to＋動詞の原形〉が「～すること」の意味で，動詞の目的語などになる用法です。

1 | 不定詞の形と用法

I like to play tennis.

私はテニスをすることが好きです。

◎不定詞は〈to＋動詞の原形〉の形。

ミス注意 この形は主語や時制によって変わることはない。

3人称単数の文	He likes to play tennis.	彼はテニスをすることが好きです。
過去の文	He liked to play tennis.	彼はテニスをすることが好きでした。

◎不定詞は文の中で**名詞・副詞・形容詞**と同じ働きをする。

2 | 動詞の目的語になる不定詞（名詞的用法）

I want to watch the soccer game.

私はそのサッカーの試合が見たいです。

◎〈to＋動詞の原形〉は「～すること」の意味を表して，**動詞の目的語**になる。これを，「名詞的用法」の不定詞という。
└名詞と同じ働き。

want to ～　～したい　　like to ～　～することが好きだ

begin to ～　～し始める　　try to ～　～しようとする

└start to ～ もほぼ同じ意味。

くわしく 名詞的用法の不定詞は，文の補語にもなる。

My dream is to be a singer.　私の夢は歌手になることです。

参考 「～すること」を表す不定詞は，Itを主語にする言い方もある。

It is hard for me to get up early.　私にとって早起きは難しい。

テストの例題チェック

テストでは 動詞の目的語や文の補語などになる不定詞の使い方を押さえる。

1 (　　)に適する語句を[　　]から選びなさい。

① I hope (to) visit London. [at / to / for]
私はロンドンを訪れたいと思います。
hope to ～は「～することを望む」。

② He likes to (swim). [swim / swims / swimming]
彼は泳ぐのが好きです。

③ It began to (rain). [rain / rained / raining]
雨が降り始めました。

④ We want (to go) to Nara. [go / going / to go]
私たちは奈良へ行きたいです。

2 (　　)に適する語を入れなさい。

① Suddenly my brother started (to) (cry).
└「突然」
突然，私の弟は泣き始めました。
start to ～で「～し始める」。

② I (like) (to) (listen) to music.
私は音楽を聞くのが好きです。

③ He (tried) (to) (answer) the question.
彼はその質問に答えようとしました。

④ Meg (wanted) (to) (buy[get]) the DVD.
メグはそのDVDを買いたがっていました。
過去の文でもtoのあとの動詞は原形。

⑤ The important thing is (to) (study) hard.
大切なことは熱心に勉強することです。
不定詞が補語になっている文。

⑥ A: What do you (want) (to) be in the future?
あなたは将来何になりたいですか。

B: I (want) (to) (be) a scientist.
└「科学者」
私は科学者になりたいです。

19 副詞的用法の不定詞

〈to＋動詞の原形〉が「〜するために」の意味を表し，動詞を修飾する用法です。

1 | 動詞を修飾する不定詞（副詞的用法）

I went to the park to play tennis.

私はテニスをするために公園へ行きました。

◎不定詞（to＋動詞の原形）は副詞と同じ働きをして，前の**動詞を修飾**する。これを「副詞的用法」の不定詞という。

◎副詞的用法の不定詞は，**「〜するために」「〜しに」**の意味で動作の目的を表す。

He went there to play tennis.　彼はテニスをするためにそこへ行きました。

動詞 ←（修飾）― テニスをするために

ミス注意　文の主語や時が何であっても，to のあとの動詞は必ず原形。

参考　不定詞が glad, happy（うれしい）などの形容詞のあとにきて，「〜して（うれしい）」のように感情の原因を表すことがある。

I'm glad to meet you.　私はあなたにお目にかかれてうれしいです。

2 | Why ～? — To ～.

Why did you go there?

あなたはなぜそこへ行ったのですか。

— To see my friend.　友だちに会うためです。

◎Why ～?（「なぜ～か」）の疑問文に対して，**「～するためです」**と目的を答えるときは副詞的用法の不定詞を使う。

テストの例題チェック

テストでは 不定詞が「～するために」や「～して…」の意味で動詞などを修飾する使い方を押さえる。

1 (　　)に適する語句を[　　]から選びなさい。

① I visited Osaka to (see) him.　[see / saw / seeing]
私は彼に会うために大阪を訪れました。

② Eri works (to help) them.　[help / helps / to help]
エリは彼らを助けるために働きます。

③ (Why) do you study hard?　[What / How / Why]
なぜあなたは熱心に勉強するのですか。
— (To be) a doctor.　[Be / To be / Being]
医者になるためです。　└「医師」

2 ほぼ同じ内容の文になるように，(　　)に適する語を入れなさい。

① She'll go to Paris and study art there.
└「パリ」　└「美術」
→ She'll go to Paris (to) (study) art.

② I went to the store and bought a camera.
└buy(買う)の過去形。
→ I went to the store (to) (buy) a camera.

3 (　　)に適する語を入れなさい。

① Tom used a computer (to) (play) games.
トムはゲームをするためにコンピューターを使いました。

② I'm happy (to) (hear) the news.
└「知らせ，ニュース」
私はその知らせを聞いてうれしいです。

! 不定詞が形容詞のあとにきて「～して」と感情の原因を表す形。

③ A: (Why) did you get up early?
なぜあなたは早起きしたのですか。
B: (To) (practice) basketball.
バスケットボールを練習するためです。

! Why ～? に不定詞を使って目的を答える形。

6章

20 形容詞的用法の不定詞

〈to＋動詞の原形〉が「～するための」の意味で，(代)名詞を修飾する用法です。

1｜名詞を修飾する不定詞(形容詞的用法)

Ken has a lot of things to do.

ケンにはするべきことがたくさんあります。

◎不定詞(to＋動詞の原形)は形容詞と同じ働きをして，前の**名詞をうしろから修飾**する。これを「形容詞的用法」の不定詞という。

◎形容詞的用法の不定詞は**〈名詞＋ to ＋動詞の原形〉**の語順で，**「～するための…」「～すべき…」**などの意味を表す。

a lot of work to do　たくさんのするべき仕事
(名詞 work ←(修飾) to do)

many places to visit　多くの訪れる(ための)場所
(名詞 places ←(修飾) to visit)

2｜something to ～

I want something to drink.

私は何か飲むものがほしい。

◎形容詞的用法の不定詞は，something や anything などの**代名詞を修飾**することもある。

◎〈something〔anything〕 to ～〉で**「～するための何か」「(何か)～するもの」**などの意味。

くわしく　「何か温かい食べ物」のように形容詞が続く場合は，something hot to eatのように，-thing(代名詞)のすぐあとに形容詞が続く。

テストの例題チェック

テストでは 不定詞が名詞や代名詞をうしろから修飾する使い方を押さえる。

1 (　　)に適する語句を下の[　　]から選びなさい。

① I got a present to (give) him.
[give / gave / giving]
私は彼にあげるプレゼントを買いました。

② Sam has some work (to do).
[do / does / to do]
サムにはするべき仕事があります。

③ I have no (time to help) you.
└「少しの…もない」
[to help time / time to help]
私にはあなたを手伝う時間はありません。

④ I want (something to eat).
[to something eat / something to eat]
私は何か食べるものがほしい。

2 (　　)に適する語を入れなさい。

① It's time (to) (go) home.　家に帰る時間です。

② Our town has a lot of places (to) (see).
私たちの町には見るべき場所がたくさんあります。

③ Kumi had no money (to) (buy) the bag.
└「お金」
クミはそのかばんを買うお金を少しも持っていませんでした。

④ I need (something) (to) (write) with.
└「不定詞＋前置詞」の形。
私には何か書くものが必要です。
! write with something（何かで書く）という形から，〈代名詞＋不定詞＋前置詞〉の語順になることに注意。

⑤ Do you have (anything) (to) (read)?
あなたは何か読むものを持っていますか。

⑥ We have a lot of (homework) (to) (do).
私たちにはやらなければならない宿題がたくさんあります。

⑦ Mike wants (something) cold (to) (drink).
マイクは何か冷たい飲みものをほしがっています。
! 〈-thing ＋形容詞＋不定詞〉の語順に注意。

21 動名詞

動詞の ing 形が「～すること」の意味を表し，名詞と同じ働きをする用法です。

1｜動名詞の形と用法

We enjoyed playing tennis.

私たちはテニスをして楽しみました。

◎動名詞は動詞の ing 形で，**「～すること」**の意味を表す。名詞と同じ働きをして，**動詞の目的語**になる。

enjoy ～ing	～することを楽しむ	finish ～ing	～し終える
like ～ing	～することが好きだ	begin ～ing	～し始める

└start ～ing もほぼ同じ意味。

参考　動名詞は，文の主語や補語，前置詞の目的語になることもある。

〈主語〉Reading books is important.　本を読むことは大切です。

〈補語〉My hobby is making dolls.　私の趣味は人形を作ることです。

〈前置詞の目的語〉I'm looking forward to seeing you. 私はあなたに会うのを楽しみにしています。

2｜動名詞や不定詞を目的語にとる動詞

〈動名詞だけをとる動詞〉

enjoy（楽しむ），**finish**（終える），**stop**（やめる）

例）I finished **reading** it.　私はそれを読み終えました。

〈不定詞だけをとる動詞〉

want（～したい），**hope**（望む）

例）I want **to go** abroad.　私は外国へ行きたいです。

◎**like**（好む），**begin**（始める），**start**（始める）などは，目的語に動名詞も不定詞もとることができる。

テストの例題チェック

テストでは 名詞と同じ働きをする動詞のing形の使い方を押さえる。

1 (　　)に適する語句を[　　]から選びなさい。

① They started (running).　　[run / ran / running]
彼らは走り始めました。

② Kumi stopped (talking).　　[talk / to talk / talking]
クミは話すのをやめました。
stop は目的語に動名詞だけをとる。

③ I want (to eat) something.　　[eat / to eat / eating]
私は何か食べたいです。
want は目的語に不定詞だけをとる。

2 ほぼ同じ内容の文になるように, (　　)に適する語を入れなさい。

① I like to swim in the sea.
→ I like (swimming) in the sea.
名詞的用法の不定詞と動名詞はほぼ同じ働きをする。

② To read books is good for you.
→ (Reading) books is good for you.
「～によい」

3 (　　)に適する語を入れなさい。

① It began (raining) suddenly.
突然，雨が降り始めました。

② I (enjoyed) (listening) to music.
私は音楽を聞いて楽しみました。
enjoy は目的語に動名詞だけをとる。

③ Jim will (finish) (cleaning) his room soon.
ジムはまもなく自分の部屋をそうじし終えるでしょう。

④ My father (stopped) (watching) TV.
私の父はテレビを見るのをやめました。
stop to ～なら「～するために立ち止まる」。

⑤ (Playing) soccer (is) a lot of fun.
サッカーをすることはとても楽しい。
動名詞が主語の文。動名詞は単数扱い。

22 文法のまとめ②

〈to＋動詞の原形〉の用法と，名詞の働きをする動詞の ing 形のまとめです。

不定詞の形と 3 用法

◎不定詞は〈to ＋動詞の原形〉の形で，3 つの用法がある。

❶名詞的用法	「～すること」の意味で，動詞の目的語になる。
❷副詞的用法	「～するために」の意味で，動詞を修飾。
❸形容詞的用法	「～するための」の意味で，(代)名詞を修飾。

❶ I like **to play** tennis.　私はテニスをするのが好きです。

❷ I went there **to play** tennis.　私はテニスをしにそこへ行きました。

❸ I want something **to drink**.　私は何か飲むものがほしいです。

くわしく　名詞的用法の不定詞は，文の補語にもなる。

動名詞の形と用法

◎動名詞の形…動詞の ing 形。

◎意味と働き…「**～すること**」の意味で，動詞の**目的語**になる。

参考　動名詞は前置詞のあとにきて，前置詞の目的語にもなる。
He's good at playing tennis.　彼はテニスをするのが得意です。

不定詞・動名詞を目的語にとる動詞

◎**目的語に不定詞だけをとる**…want, hope など

例)I **want to play** tennis.　私はテニスがしたいです。

◎**目的語に動名詞だけをとる**…enjoy, finish, stop など

例)I **enjoyed playing** tennis.　私はテニスをして楽しみました。

◎**目的語に不定詞も動名詞もとる**…like, begin, start など

例)I **like to play〔playing〕** tennis.　私はテニスをするのが好きです。

テストの例題チェック

テストでは 不定詞の3用法の意味，不定詞と動名詞の使い分けを押さえる。

1 (　　)に適する語句を下の[　　]から選びなさい。

① I finished (writing) a letter. 私は手紙を書き終えました。
[write / wrote / to write / writing]

② I want (to visit) Kyoto. 私は京都を訪れたいです。
[visit / visited / to visit / visiting]

③ Kyoto is a good place (to visit). 京都は訪れるのによい場所です。
[visit / visits / to visit / visiting]

④ Thank you for (calling). 電話をくれてありがとう。
! 前置詞のあとは，動名詞が続く。
[call / called / to call / calling]

⑤ I went there (to study) English. 私は英語を勉強するためにそこへ行きました。
[study / to study / studying]

2 (　　)に適する語を入れなさい。

① I (want) (to) be a computer engineer. └「技師」
私はコンピューター技師になりたいです。

② He went to the park (to) (play) soccer.
彼はサッカーをするために公園へ行きました。

③ Do you have anything (to) (eat)?
あなたは何か食べるものを持っていますか。

④ When did you (finish) (reading) the book?
あなたはいつその本を読み終えましたか。

⑤ How about (making) a video letter?
ビデオレターを作るのはどうですか。
! 前置詞(about)のあとにくる形。

⑥ (Using) a computer is difficult for me.
コンピューターを使うことは私には難しい。
! 動名詞が主語になる文。

6章

テスト直前 最終チェック！

不定詞の形と用法

① **不定詞** ➡〈to ＋**動詞の原形**〉の形。

➡ 主語や時制によってこの形が変わることはない。

➡ 文中で**名詞・副詞・形容詞**と同じ働きをする。

② **名詞的用法**

➡「**～すること**」という意味で，動詞の**目的語**になる。

I **want to** go to Australia.　私はオーストラリアへ行きたい。

➡ 文の**補語**にもなる。

My dream is **to be** a doctor.　私の夢は医師になることです。

③ **副詞的用法**

➡「**～するために**」という意味で，**動作の目的**を表す。

I went to the store **to get** some fruit.
私は果物を買うためにその店に行きました。

➡「**～して**」という意味で，happy などの感情を表す**形容詞のあと**にきてその**原因**を表す。

I'm happy **to hear** the news.　私はその知らせを聞いてうれしいです。

④ **形容詞的用法**

➡「**～するための**」「**～すべき**」などの意味で，前の名詞や something, anything などの**代名詞を後ろから修飾**する。

不定詞・動名詞

Do you have anything to drink?
あなたは何か飲むものを持っていますか。

☑ 動名詞

❶ **動名詞** ➡ 〈動詞の ing 形〉の形。

➡「～すること」の意味で，**動詞や前置詞の目的語**になる。

We **enjoyed** singing songs.　私たちは歌を歌って楽しみました。

➡ 文の**主語**や**補語**にもなる。

主語になる場合 Singing songs is fun.　歌を歌うことは楽しい。
補語になる場合 My jobs is driving.　私の仕事は運転することです。

☑ 不定詞と動名詞

❶ **不定詞だけを目的語にとる動詞** ➡ want, hope, decide など。

I **want** to go **to the U.S.**　私はアメリカ合衆国に行きたい。

❷ **動名詞だけを目的語にとる動詞** ➡ enjoy, finish, stop など。

He **finished** reading **the book.**　彼はその本を読み終えました。

❸ **不定詞も動名詞も目的語にとる動詞** ➡ like, begin, start など。

I **like** to dance. = I **like** dancing.　私は踊ることが好きです。

23 SVCの文

動詞のあとに補語がきて，「～に見える」などの意味を表す文の形です。

1｜〈look＋形容詞〉の文

Ken looks happy.

ケンはうれしそうに見えます。

◎「…は～**のように見える**」と言うときは，動詞 look を使って，〈主語＋ look ＋**形容詞**(＝補語).〉の形で表す。
└主語を説明する語句

You look sick.　あなたはぐあいが悪そうに見えます。
S　V　C(形容詞) ➡ You = sick の関係

くわしく　〈主語(S)＋動詞(V)＋補語(C).〉の文を SVC の文という。
look はSVCの文を作り，補語に形容詞をとる。SVC の文では〈S＝C〉の関係になる。

◎ **feel, get, sound** なども形容詞を補語にとる。
└「～と感じる」└「～になる」└「～のように聞こえる，思われる」
例)I **feel hungry** now.　私は今，空腹です(←空腹だと感じている)。

ミス注意　あとに名詞を続けて「～のように見える，～に似ている」は〈look like＋名詞〉の形。
It looks like a ball.　それはボールのように見えます。

2｜〈become＋名詞・形容詞〉の文

She became a doctor.

彼女は医者になりました。

◎「…は～**になる**」と言うときは，動詞 become を使って，〈主語＋ become ＋**補語**.〉の形で表す。

◎ become の補語になるのは，**名詞か形容詞**。

テストの例題チェック

テストでは look や become などの動詞のあとに補語がくる文の形を押さえる。

1 （　　）に適する語句を［　　］から選びなさい。

① Kumi (looks) tired. ［ looks / becomes ］
クミは疲れているように見えます。

② That cloud (looks like) a bird. ［ looks / looks like ］
└「雲」
あの雲は鳥のように見えます。

③ He (became) a teacher. ［ looked / became ］
彼は教師になりました。

2 （　　）に適する語を入れなさい。

① You (look) (hungry).
あなたはおなかがすいているようですね。
! SVC の文。補語には形容詞がくる。

② You (look) (like) your mother.
あなたはお母さんに似ていますね。
! look like（〜のように見える）のあとには名詞がくる。

3 （　　）に適する語を入れなさい。

① I (feel) very (tired). 私はとても疲れを感じています。

② He'll (get) (well) soon. 彼はじきによくなるでしょう。

③ That (sounds) (interesting).
それはおもしろそうですね。
! sound は「〜のように聞こえる」。

④ The girl will (be[become]) a famous (singer).
その少女は有名な歌手になるでしょう。

⑤ It (became) (popular) among the students.
それは生徒たちの間で人気になりました。
! become は補語に形容詞もとる。

⑥ You (look) (busy). Shall I help you?
（あなたは）忙しそうですね。お手伝いしましょうか。

7章

24 SVOOの文

動詞のあとに，「～に」「…を」の順で目的語を２つとる文の形です。

1 | 〈give など+目的語+目的語〉の文

Tom gave her a book.

トムは彼女に本をあげました。

◎give(与える)は，あとに「～(人)に」と「…(もの)を」の順で目的語を２つとる。

◎〈give＋人＋もの〉の形で，「(人)に(もの)をあげる」の意味。

I gave him a book.　私は彼に本をあげました。

S V O(人) O(もの) ➡ 〈人＋もの〉の順

くわしく　〈人＋もの〉の順で目的語を2つとる文をSVOOの文という。

◎tell, send, show なども，あとに目的語を２つとる。
└「話す」└「送る」└「見せる」

例) tell Ken my idea　ケンに私の考えを話す

send her a letter　彼女に手紙を送る
└代名詞のときは目的格。

2 | SVO + to ～.

I gave him a book.

I gave a book to him.　私は彼に本をあげました。

◎SVOOの文は，目的語〈人＋もの〉の順序を入れかえて，〈もの＋ to ＋人〉の形でも同じ意味を表せる。

ミス注意　buy, make のときは，to ではなく for を使う。

テストの例題チェック

テストでは give や show などの動詞のあとに，〈人＋もの〉の順で目的語が2つ続く文の形を押さえる。

1 （　）に適する語句を［　］から選びなさい。

① I'll (give) you a present.　［ give / show / tell ］
あなたにプレゼントをあげましょう。

② He (showed) us a card.　［ gave / showed / told ］
彼は私たちに1枚のカードを見せました。

③ I sent (Aki a letter).　［ Aki a letter / a letter Aki ］
私はアキに手紙を送りました。

! sent は send（送る）の過去形。目的語は〈人＋もの〉の順。

2 ほぼ同じ内容の文になるように，（　）に適する語を入れなさい。

① Ms. Kato teaches them English.
→ Ms. Kato teaches (English to them).

② Tom showed a picture to me.
→ Tom showed (me a picture).

3 （　）に適する語を入れなさい。

① Can I (ask) (you) a question?
あなたに質問してもいいですか。

! 〈ask＋人＋もの〉で「（人）に（もの）をたずねる」。

② Jun (told) (us) an interesting story.
ジュンは私たちにおもしろい物語を話してくれました。

③ Tom (gave) (her) a nice pen.
トムは彼女にすてきなペンをあげました。

④ Please (show) (it) (to) (me).
どうぞそれを私に見せてください。

! 「（もの）を」に当たる語が代名詞のときは，ふつう〈SVO＋to〔for〕～.〉の形で表す。

⑤ I (taught) (Meg) (Japanese).
私はメグ（Meg）に日本語を教えました。

! teach（教える）の過去形は taught。

25 SVOCの文

動詞のあとに〈目的語＋補語〉がくる文の形です。

1 | 〈call など＋目的語＋補語〉の文

We call this cat Shiro.

私たちはこのネコをシロと呼びます。

◎「A(人など)をB(名前など)と呼ぶ」と言うときは，動詞 call を使って，〈call＋A(目的語)＋B(補語)〉の形で表す。

He calls me Ken.　彼は私をケンと呼びます。
S　V　O　C　➡ me = Ken の関係

くわしく　動詞のあとに〈目的語＋補語〉がくる文を SVOC の文という。SVOC の文では〈O＝C〉の関係にある。

◎ name, make などもあとに目的語と補語をとる。
（name「名づける」 make「～にする」）

例) name the dog Pochi　その犬をポチと名づける
make him happy　彼を幸せにする

くわしく　call，name は名詞，make は名詞や形容詞を補語にとる。

いろいろな文のまとめ

SVC	He looks tired. S V C (S＝C の関係)	彼は疲れているように見えます。
SVOO	He gave Meg a book. S V O(人) O(もの)	彼はメグに本をあげました。
SVOC	He called me Jun. S V O C	彼は私をジュンと呼びました。

参考　〈主語(S)＋動詞(V)＋目的語(O).〉の形になる文を SVO の文という。

I played tennis.　私はテニスをしました。
S V O

テストの例題チェック

テストでは call や make などの動詞のあとに〈目的語＋補語〉がくる文の形を押さえる。

1 (　　)に適する語句を[　　]から選びなさい。

① They (call) me Kei. [call / make / name]
彼らは私をケイと呼びます。

② I (named) it Kuro. [became / made / named]
私はそれをクロと名づけました。
「～を…と名づける」は name。

③ It (made) us happy. [called / made / named]
それは私たちをうれしくさせました。
「～を…にする」は make。

④ We call (it a *futon*). [a *futon* it / it a *futon*]
私たちはそれをふとんと呼びます。

2 (　　)に適する語を入れなさい。

① My mother (calls) (me) (Miki).
私の母は私をミキと呼びます。
me ＝ Miki の関係。

② The song (made) (him) (famous).
その歌は彼を有名にしました。
him ＝ famous の関係。

③ Lisa (looked) very (sad).
リサはとても悲しそうに見えました。
SVC の文。look の補語になるのは形容詞。

④ He (became) a good tennis player.
彼はよいテニスの選手になりました。

⑤ Ms. Hill (showed) (us) (some) (pictures).
ヒル先生は私たちに写真を数枚見せてくれました。
目的語は〈人＋もの〉の順。

⑥ A: I'll (give) (her) a birthday present.
私は彼女に誕生日プレゼントをあげるつもりです。

B: That (sounds) great!
それはすばらしそうですね。
〈sound ＋形容詞〉で，「～のように聞こえる」の意味。

7章

26 There is ～. の文

「…に～がいます」「…に～があります」と言うときの文です。

1 | There is ～.

There is a cat under the chair.

いすの下にネコが(1匹)います。

◎**単数**のものについて「～がいます」「～があります」と言うときは，〈There is＋**単数名詞** ….〉の形で表す。
└主語

◎「～がいました」「～がありました」と**過去**のことを言うときは，〈There was＋**単数名詞** ….〉の形。

◎あとには，場所を表す語句が続くことが多い。

場所を表す語句

in the box / on the desk / by the door
└「箱の中に」 └「机の上に」 └「ドアのそばに」

near the river / around here / over there
└「川の近くに」 └「このあたりに」 └「向こうに」

ミス注意 my ～など特定のものが「いる，ある」と言うときは，〈主語＋be動詞 ～.〉の形。
Your bag is on the chair.　あなたのバッグはいすの上にあります。

2 | There are ～.

There are some bikes over there.

向こうに数台の自転車があります。

◎**複数**のものについて「～がいます」「～があります」と言うときは，〈There are＋**複数名詞** ….〉の形で表す。
└主語

◎過去の文なら，〈There were＋**複数名詞** ….〉の形。

テストの例題チェック

テストでは あとに続く名詞の単複と時制から，is, are, was, were を使い分ける。

1 (　　)に適する語を[　　]から選びなさい。

① (There) is a racket in the bag. [This / There]
バッグの中にラケットが1本あります。

② There (are) many shops around here. [is / are]
このあたりには店がたくさんあります。
! 主語は many shops で複数。

③ There (was) a boy under the tree. [is / was]
木の下に男の子が1人いました。
! 過去の文。

2 [　　]の指示にしたがって書きかえなさい。

① There is a girl in the park. 〔下線の語を some に変えて〕
→ There (are) some (girls) in the park.

② Japan has four seasons. 〔ほぼ同じ内容を表す文に〕
→(There) (are) four seasons (in) Japan.
! 「日本には四季がある」という意味。

3 (　　)に適する語を入れなさい。

① (There) is a ball (there). そこにボールが1個あります。

② (His) (ball) (is) on the box.
彼のボールは箱の上にあります。
! 「彼の」と特定のものが主語になっている。His balls are としてもよい。

③ (There) (was) a concert at the stadium last night.
昨夜，スタジアムでコンサートがありました。

④ There (are) a lot of dolls (over) there.
向こうにたくさんの人形があります。

⑤ There (were) three (pictures) (on) the wall.
かべには3枚の絵がかかっていました。

⑥ (There) (is) a zoo (in) my town.
私の町には動物園があります。

7章

27 There is ～. の疑問文 / 否定文

「…に～がいますか」や，「…に～はいません」と言うときの文です。

1 | There is ～. の疑問文

Is there a CD on the desk? 机の上に CD がありますか。

— Yes, there is. はい，あります。

— No, there isn't. いいえ，ありません。

◎ There is〔are〕 ～. の疑問文は，**is〔are〕を there の前**におき，〈**Is〔Are〕 there**＋主語 ～?〉の形。
└「…に～がいますか / ありますか」

◎ 過去の文なら，**Was〔Were〕** there ～? となる。

◎ 答え方…
「はい」→ Yes, **there** is〔are〕.
└ 過去なら Yes, there was〔were〕.
「いいえ」→ No, **there** isn't〔aren't〕.
└ 過去なら No, there wasn't〔weren't〕.

参考 「数」をたずねるときは，〈How many＋複数名詞＋are there …?〉の形。
How many girls are there in your class?—There are fifteen.
あなたのクラスに女の子は何人いますか。　15人います。

2 | There is ～. の否定文

There aren't any computers in the room.
部屋にはコンピューターは 1 台もありません。

◎ There is〔are〕 ～. の否定文は，**is〔are〕のあとに not** をおいて，**There is〔are〕 not ～.** の形。
└「…に～はいません〔ありません〕」

くわしく 〈There is〔are〕 no＋名詞 ～.〉の形で表すこともできる。

◎ 過去の文なら，There **was〔were〕** not ～. となる。

テストの例題チェック

テストでは There is〔are〕～. などの疑問文や否定文が作れるようにする。数のたずね方や答え方にも注意。

1 (　　)に適する語句を[　　]から選びなさい。

① (Are) there any cups in the box? [Are / Is]
箱の中にカップがいくつか入っていますか。

② (Was) there an old house there? [Was / Is]
そこに古い家がありましたか。

— Yes, (there) (was). [it was / there was]
はい，ありました。

③ There (isn't) a chair there. [no / aren't / isn't]
そこにはいすはありません。

2 〔　　〕の指示にしたがって書きかえなさい。

① There were some cards in the bag. 〔疑問文に〕

→ (Were) (there) any cards in the bag?

② There are some dishes on the table. 〔否定文に〕

→ There (are) (not) (any) dishes on the table.

3 (　　)に適する語を入れなさい。

① A: (Is) there a hospital (near) your house?
あなたの家の近くに病院はありますか。

B: No, (there) (isn't). いいえ，ありません。

② A: (How) many (books) (are) (there) in the library?
図書館には本が何冊ありますか。

B: (There) (are) sixty thousand. 6万冊あります。

③ (There) (weren't) any children in the park.
公園には子どもは1人もいませんでした。 └child(子ども)の複数形。

④ There (are) no cars here. ここには車は1台もありません。

❗ no ～が続いていることに注意。動詞は否定の形にしない。

7章

テスト直前 最終チェック！

☑ 動詞のあとに補語がくる文

❶「～に見える」➡〈主語(S)＋ look(V)＋形容詞(C)〉の形。

➡ 名詞を使って「～のように見える」は，〈主語＋ look like ＋名詞〉の形。

❗ (C)＝補語

❷「～になる」

➡〈主語(S)＋ become(V)＋形容詞または名詞(C)〉の形。

❸SVC の文

➡ feel(～と感じる)／ get(～になる)／ sound(～に聞こえる)などの動詞がよく使われる。

➡ 主語(S)＝補語(C)の関係になる。

I feel happy.　私は幸せです。
└ I(主語)と happy(補語)はイコールの関係。

☑ 動詞のあとに2つの目的語がくる文

❶「(人)に(もの)を与える」

➡〈主語(S)＋ give(V)＋人(O)＋もの(O)〉の形。　❗ (O)＝目的語

❷SVOO の文

➡ tell(…に～を話す)／ send(…に～を送る)／ show(…に～を見せる)／ make(…に～を作る)などの動詞をよく使う。

➡〈主語＋動詞＋もの＋ to〔for〕＋人〉の形でも表せる。

My mother (主語(S)) made (動詞(V)) me (人(O)) pancakes (もの(O)). 私の母は私にパンケーキを作りました。

＝ My mother (主語(S)) made (動詞(V)) pancakes (もの) for me (人). 私の母は私にパンケーキを作りました。

いろいろな文

動詞のあとに目的語と補語がくる文

❶「～を…と呼ぶ」➡〈主語(S)＋call(V)＋目的語(O)＋補語(C)〉の形。

❷ SVOC の文

➡ make（にする）/ name（と名づける）などの動詞がよく使われる。

➡ 目的語(O)＝補語(C)の関係になる。

This song makes me happy.　この歌は私を幸せにします。
└me（目的語）と happy（補語）はイコールの関係。

There is ～. の文

❶「…に～がいる〔ある〕」➡〈There is〔are〕＋名詞＋場所を表す語句 .〉の形。

There is a book on the desk.　机の上に本が１冊あります。

❷「…に～がいた〔あった〕」

➡〈There was〔were〕＋名詞＋場所を表す語句 .〉の形。

❸ 否定文 ➡ be 動詞のあとに not をおく。

❹ 疑問文 ➡ be 動詞で文を始める。

➡ 答えるときは，there と be 動詞を使って答える。

Is there a station near here?　この近くに駅はありますか。

「はい」→ Yes, there is. /「いいえ」→ No, there isn't.

❺ 数をたずねる場合 ➡〈How many ＋複数名詞＋ are there …?〉の形。

How many students are there in your school?

あなたの学校には何人の生徒がいますか。

－ There are about five hundred.　約500人います。

28 thatの文

「～ということ」の意味を表す接続詞 that を使う文です。

1 | I think that ~.

I think that soccer is fun.

私はサッカーはおもしろいと思います。

◎接続詞の that は「～ということ」の意味で，あとに続く文を think などの動詞の**目的語**として結びつける。

◎「私は～だと思います」は，〈I think that ～.〉の形。

例）I think that we need water. 私たちには水が必要だと思います。

that 以下の文が，think の目的語になっている。

◎接続詞 that は**よく省略される**。省略しても意味は変わらない。

ミス注意 前の文の動詞が過去形のときは，that のあとの文の動詞も過去形にする。

I thought that he was busy.　私は彼は忙しいと思いました。

2 | that ~を目的語にとる動詞など

I know that Mike speaks Japanese.

私はマイクが日本語を話すことを知っています。

◎「私は～だと知っています」は，〈I know that ～.〉。

└省略できる。

◎次のようなときも that ～ を目的語にとる。that は省略できる。

〈I'm sure ～. など〉

〈be動詞＋感情を表す形容詞〉のあとに that～がくる。

例）I'm **happy** (that) ～.　私は～であることがうれしいです。

〈SVOO の文〉「(もの)を」にあたる目的語に that～がくる。

例）He **told** me (that) ～.　彼は私に～だと言いました。

テストの例題チェック

テストでは 接続詞 that を使って，「私は～だと思う」などの文が作れるようにする。

1 (　　)に適する語句を[　　]から選びなさい。

① I think (that) Aki is kind. [that / this / and]
私はアキは親切だと思います。

② I know (she is) a doctor. [that she / she is]
私は彼女が医者だと知っています。
! 接続詞 that が省略された形。

2 [　　]の指示にしたがって書きかえなさい。

① I know that she is a teacher. 〔下線の語を過去形に変えて〕
→ I (knew) (that) (she) (was) a teacher.

② I think he's Ken's father. 〔「～ではないと思う」という意味の文に〕
→ I (don't) (think) (he's) Ken's father.
! 「～ではないと思う」は，ふつう think のほうを打ち消す。

3 (　　)に適する語を入れなさい。

① I (hear) (that) Mr. Brown is our new teacher.
私はブラウンさんは私たちの新しい先生だと聞いています。

② A: I (think) (that) smartphones are useful.
私はスマートフォンは役に立つと思います。 └「役に立つ」
B: I don't think so. I (don't) (think) we need them.
私はそうは思いません。私たちには必要ではないと思います。

③ Do you (know) Judy (has) a brother?
あなたはジュディーに兄弟が１人いることを知っていますか。

④ I'm (happy〔glad〕) (that) it is sunny today.
私はきょう晴れていることがうれしいです。

⑤ I'm sure (that) your team will win.
私はきっとあなたのチームが勝つと思います。

8章

29 when, if の文

「～のとき」を表す when や,「もし～ならば」を表す if を使った文です。

1 時を表す接続詞 when

When I got up, it was raining.

私が起きたとき，雨が降っていました。

◎「～のとき」の意味で文と文をつなぐときは，when を使う。

◎〈When + A(文), B(文).〉，または〈B(文) + when + A(文).〉の形で，「A のとき B」の意味。

◎接続詞 when は「～すると」「～したら」「～のころ」など，文脈に合わせて訳し分ける。

例) **When** I was young, I lived in London.
└コンマ(,)を入れる。

=I lived in London **when** I was young.

私は若いころ，ロンドンに住んでいました。

2 条件を表す接続詞 if

If you are free, please help me.

もしあなたが暇なら，私を手伝ってください。

◎「もし～ならば」の意味で文と文をつなぐときは，if を使う。

◎〈If + A(文), B(文).〉，または〈B(文) + if + A(文).〉の形で，「もし A ならば B」の意味。

ミス注意 if や when に続く文では，未来のことも現在形で表す。下の例文では，If it *will be* sunnyとするミスが多いので注意。

If it is sunny tomorrow, I'll go out.　もしあす晴れれば，私は外出します。

テストの例題チェック

テストでは 接続詞 when と if の意味や用法をしっかりと押さえる。

1 (　　)に適する語を下の[　　]から選びなさい。

① You can see the moon (if) you go up to the top.
頂上まで登れば，月が見えます。

[but / and / if / that]

② They were running (when) I got to the park.
私が公園に着いたとき，彼らは走っていました。

[but / when / if / that]

2 ほぼ同じ内容の文になるように，(　　)に適する語を入れなさい。

① Come here, and you can meet him.
ここに来なさい，そうすればあなたは彼に会うことができます。

→(If) you come here, you can meet him.

② I arrived at the station.　It began to rain then.
└begin(始める)の過去形。
私は駅に着きました。そのとき雨が降り始めました。

→ It began to rain (when) I arrived at the station.

3 (　　)に適する語を入れなさい。

① What do you do (when) you are free?
暇なとき，あなたは何をしますか。

② Please ask me (if) you don't know.
もしわからなければ，私に聞いてください。

③ (When) Aki (comes) back, we'll go swimming.
アキがもどってきたら，私たちは泳ぎに行きます。

! 接続詞 when に続く文の中では，未来のことでも動詞は現在形を使うことに注意。

④ (If) you are hungry, I'll give you some cookies.
もしおなかがすいているのなら，あなたにクッキーをあげますよ。

8章

30 becauseの文など

「～だから」を表す because や，その他の接続詞を使った文です。

1｜理由を表す接続詞 because など

I stayed home because I had a cold.

私はかぜをひいていたので，家にいました。

◎「(なぜなら)～だから」の意味で文と文をつなぐときは，because を使う。

◎〈B(文)＋ because ＋ A(文).〉で，「A なので B」の意味。

くわしく because ～は，文の後半におくことが多い。

◎ after，before なども接続詞として使われる。
└「～したあとに」└「～する前に」

例) **After** I call Yuki, I'll do my homework.

私はユキに電話したあとで，宿題をするつもりです。

例) Study English **before** you watch TV.

テレビを見る前に英語を勉強しなさい。

参考 both *A* and *B*(A も B も両方とも)は接続詞の働きをする熟語。

2｜Why ～? − Because ～.

Why do you play soccer? あなたはなぜサッカーをするのですか。

— Because it's fun. おもしろいからです。

◎ Why ～? の文に「(なぜなら)～だからです」と理由を答えるときは，〈Because ＋主語＋動詞 ～.〉の形を使う。
└「なぜ～か」

参考 To ～. (～するために)の形で目的を答えることもある。(→52ページ)

テストの例題チェック

テストでは いろいろな接続詞の意味を押さえ，適切なものが使えるようにする。

1 ほぼ同じ内容の文になるように，（　　）に適する語を入れなさい。

① I always wash my hands before I have dinner.
私は夕食を食べる前にいつも手を洗います。

→ I always have dinner (after) I wash my hands.

! 反対の意味を表す接続詞を使う。

② Bob likes tennis.　I like tennis, too.
ボブはテニスが好きです。私もテニスが好きです。 ! 「〜も…も両方とも」と表す。

→ (Both) Bob (and) I like tennis.

③ Kumi was free, so she watched TV.
クミは暇でした，それで彼女はテレビを見ました。

→ (Because) Kumi was free, she watched TV.

8章

2 （　　）に適する語を入れなさい。

① I couldn't have lunch (because) I was very busy.
└can（〜できる）の過去形
私はとても忙しかったので，昼食が食べられませんでした。

② (After) I finished my homework, I played tennis.
宿題を終えたあとで，私はテニスをしました。

③ (Before) Lisa washes her face, she brushes her teeth.
└「歯をみがく」
リサは顔を洗う前に歯をみがきます。

④ My sister can speak (both) English (and) Chinese.
私の姉は英語も中国語も両方とも話せます。

⑤ A: (Why) did you go to Australia?
なぜあなたはオーストラリアへ行ったのですか。

B: (Because) my uncle lives there.
そこにおじが住んでいるからです。

テスト直前 最終チェック！

thatの文

❶「～と思う」➡〈think that＋主語＋動詞～〉の形。

➡ thatは「～ということ」という意味で，think，knowや〈tell＋人〉のあとに続けて，目的語になる。

➡ このthatはよく省略されるが，省略されても意味は変わらない。

I think (that) he is sleepy.　彼は眠いのだと私は思います。

He told me (that) he was tired.　彼は疲れていると私に言いました。

➡〈be動詞＋形容詞〉のあとにthat ～が続くこともある。

I am happy (that) I can see you again.

あなたにまた会えて私はうれしいです。

whenの文

❶「AのときB」

➡〈When＋A, B.〉または〈B＋when＋A.〉の形。

When I came home, my brother was watching TV.

＝ My brother was watching TV when I came home.

私が家に帰ったとき，兄はテレビを見ていました。

➡ whenに続く文では，未来のことも現在形で表す。

接続詞

if の文

❶「もし A ならば B」

➡〈If + A, B.〉または〈B + if + A.〉の形。

If you hurry, you'll be in time for school.
= You'll be in time for school if you hurry.
もし急げば，あなたは学校に間に合うでしょう。

➡ if に続く文では，未来のことも現在形で表す。

8章

because の文

❶「A なので B」

➡〈B+ because + A.〉または〈Because + A, B.〉の形。

I was hungry because I didn't have breakfast.
= Because I didn't have breakfast, I was hungry.
私は朝食を食べなかったので，おなかがすいていました。

❷「なぜなら～だからです」➡〈Because ＋主語＋動詞 ～.〉の形。

➡ Why ～?(なぜ～ですか)の問いに対し，理由を答えるときに使う。

after, before の文

❶「A したあとで B」

➡〈After + A, B.〉または〈B + after + A.〉の形。

❷「A する前に B」

➡〈Before + A, B.〉または〈B + before + A.〉の形。

31 形容詞の比較級

「AはBよりも～だ」のように２つの物や２人の人を比べるときの文です。

1 |〈～er than …〉の文

My bag is newer than yours.

私のバッグはあなたのよりも新しい。

◎２つを比べて「…よりも～」と言うときは**比較級**を使って，**〈比較級＋ than …〉**の形で表す。

◎than は「…よりも」の意味。あとには比べる対象がくる。

◎形容詞の比較級は，tall → taller のように**原級の語尾に er** をつけて作る。次のような語には注意。
└もとの形。

large（大きい） ➡ larger … r だけつける
busy（忙しい） ➡ busier … y を i に変えて er
hot （暑い） ➡ hotter … 1 字重ねて er

2 |「どちらのほうがより～か」の文

Which is smaller, China or Canada?

中国とカナダでは，どちらのほうが小さいですか。

— China is. 中国です。

◎「AとBでは，どちらのほうがより～ですか」とたずねるときは，**〈Which is ＋比較級 , *A* or *B* ?〉**の形。

◎答え方…A〔B〕is. の形で，AかBのどちらなのかを答える。
└〈主語＋ be 動詞 .〉

テストの例題チェック

テストでは 形容詞の比較級の作り方を覚え，比較の文が作れるようにする。

1 [ ]の語を適する形にして，( )に入れなさい。

① Bob's dog is (bigger) than mine. [big]
ボブの犬は私のよりも大きい。

② This doll is (prettier) than that one. [pretty]
この人形はあの人形よりもきれいです。 この文の one は前に出た doll をさす。

③ America is (larger) than Japan. [large]
アメリカは日本より大きい。

2 [ ]の指示にしたがって書きかえなさい。

① Kumi is tall. 〔「リサよりも背が高い」という文に〕
→ Kumi (is) (taller) (than) Lisa.

② This bag is older than that one. 〔ほぼ同じ内容を表す文に〕
→ That bag is (newer) (than) this one.
反対の意味を表す形容詞を使う。

3 ( )に適する語を入れなさい。

① He is (busier) (than) Tom. 彼はトムより忙しい。

② This question is (easier) (than) that one.
この質問はあの質問よりも簡単です。

③ Okinawa is (much) (hotter) (than) Hokkaido.
沖縄は北海道よりもずっと暑い。 比較級を強めて「ずっと」は much を使う。

④ (Which) is (longer), the Shinano (or) the Tone?
信濃川と利根川では，どちらのほうが長いですか。

⑤ A: (Who) is (younger), Aki (or) Mike?
アキとマイクでは，どちらのほうが若いですか。
B: Mike (is). マイクです。 人について比べるときは，ふつう who を使う。

9章

32 形容詞の最上級

3つ〔3人〕以上を比べて，「Aは…の中でいちばん～だ」と言うときの文です。

1 |〈the ~est in〔of〕 …〉の文

Ken is the tallest in his class.

ケンはクラスでいちばん背が高い。

◎ 3つ以上を比べて「**…の中でいちばん～**」と言うときは**最上級**を使って，〈**the ＋最上級＋ in〔of〕** …〉の形で表す。

ミス注意 形容詞の最上級の前には the をつける。

◎ 形容詞の最上級は，new → **newest** のように**原級の語尾に est** をつけて作る。つけ方のルールは er のときと同じ。

◎「…の中で」と比べる対象を言うときは **in** か **of** を使う。

〈in ＋場所・範囲を表す語句〉	〈of ＋複数を表す語句〉
in Japan （日本で）	of the three （3つの中で）
in my family （私の家族の中で）	of all （全部の中で）

2 |「だれ〔どれ〕がいちばん～か」の文

Who is the oldest of the five?

5人の中でだれがいちばん年上ですか。

— Mike is. マイクです。

◎「…の中でだれがいちばん～ですか」とたずねるときは，〈**Who is the＋最上級＋in〔of〕 … ?**〉の形。
└「どれが」とたずねるときは which を使う。

◎答え方…〈主語＋ be 動詞 .〉の形で答える。

テストの例題チェック

テストでは 形容詞の最上級の作り方を覚え，最上級を使った文が作れるようにする。in, of の使い分けにも注意。

1 [　　]の語を適する形にして，(　　)に入れなさい。

① Miki is the (busiest) of the six. [busy]
６人の中でミキが最も忙しい。

② My dog is the (nicest) of all. [nice]
全部の中で私の犬がいちばんすてきです。

③ August is the (hottest) month in Japan. [hot]
日本では８月が最も暑い月です。

2 [　　]の指示にしたがって書きかえなさい。

① This tower is high. 〔「この市でいちばん高い」という文に〕

→ This tower is (the) (highest) (in) this city.

② Bob is older than Tom, and younger than Jim.
〔この内容をもとにした最上級の文に〕

→ Tom is (the) (youngest) (of) the three.

! ボブはトムより年上で，ジムより若い。→トムがいちばん若い。

3 (　　)に適する語を入れなさい。

① This book is (the) (easiest) (of) all.
この本は全部の中でいちばん簡単です。 ! all や複数を表す語句が続くときは of を使う。

② This river is (the) (longest) (in) the world.
この川は世界でいちばん長い。 ! 場所や範囲を表す語句が続くときは in を使う。

③ (Who) is (the) (tallest) (of) all the boys?
すべての男の子の中でだれがいちばん背が高いですか。

④ A: (Which) bag is (the) (biggest) of the three?
３つの中でどのかばんがいちばん大きいですか。 ! largest を使ってもよい。

B: The blue one (is). 青いのです。

33 more ～, most ～ / 副詞の比較

前に more, most をつける比較変化や，副詞の比較級・最上級の文です。

1 | more ～, most ～の文

Soccer is more popular than tennis in my class. 私のクラスではサッカーはテニスより人気があります。

◎popular, interesting の比較級は原級の前に **more** を，最上級は **most** をおいて作る。er や est はつけない。
└「人気のある」 └「おもしろい」 └もとの形。

例) This book is **the most interesting** of all.
└原級の前に the most をおく。
この本は全部の中でいちばんおもしろい。

◎次のような，比較的つづりの長い語が〈more ＋原級〉，〈most ＋原級〉の形になる。
└比較級 └最上級

beautiful(美しい)／difficult(難しい)／exciting(興奮させる)
famous(有名な)／important(重要な)／useful(役に立つ)

2 | 副詞の比較級・最上級の文

Ken runs faster than Jim. ケンはジムより速く走ります。

I got home the earliest in my family.
私は家族の中でいちばん早く帰宅しました。

◎fast, late などの副詞も比較級・最上級と比較変化する。
└「速く」└「遅く」

◎比較級は〈原級＋er〉，最上級は〈原級＋est〉の形。

くわしく slowly(ゆっくり)は，more slowly, most slowly となる。

テストの例題チェック

テストでは more, most をつけて比較級や最上級を作る語に注意する。

1 (　　)に more, mostのどちらか適するほうを入れなさい。

① This flower is the (most) beautiful of all.
この花は全部の中でいちばん美しい。

② I think soccer is (more) exciting than baseball.
私は，サッカーは野球よりもわくわくすると思います。

2 [　　]の指示にしたがって書きかえなさい。

① Mika walked faster than you. 〔ほぼ同じ内容を表す文に〕

→ You walked (more) (slowly) (than) Mika.

! 反対の意味を表す副詞を使って書きかえる。

② That singer is famous. 〔「日本でいちばん有名だ」という文に〕

→ That singer is (the) (most) (famous) in Japan.

3 (　　)に適する語を入れなさい。

① Paul studies (the) (hardest) (in) his class.
ポールはクラスでいちばん熱心に勉強します。

② Is English (more) (difficult) (than) Japanese?
英語は日本語より難しいですか。

③ This is (the) (most) (important) project (of) the three.
└「計画，企画」
これは３つの中で最も重要な計画です。

④ Which is (the) (most) (useful) dictionary of all?
└「辞書」
すべての中でいちばん役に立つ辞書はどれですか。

⑤ A: Who gets up (earlier), you (or) Emma?
あなたとエマでは，どちらのほうが早く起きますか。

B: Emma (does). エマです。

! 〈主語＋do〔does〕.〉の形で答える。

9章

34 注意すべき比較の文

good や well のように不規則に比較変化する語を使った文です。

1 | 不規則に比較変化する語

This is the best way.

これがいちばんよい方法です。

◎ good(よい)の比較級，最上級は不規則に変化して，比較級は better，最上級は best となる。

◎ 不規則変化をする語には，右のようなものがある。

原　級	比較級	最上級
good, well └「よい」 └「じょうずに」	better	best
many, much └「多数の」 └「多量の」	more	most

2 | Which ~ like better〔the best〕…?

Which do you like better, cats or dogs?

あなたはネコと犬ではどちらが好きですか。

—I like cats better. ネコのほうが好きです。

◎「B よりも A が好き」は，〈like *A* better than *B*〉の形。

◎「A がいちばん好き」は，〈like *A* the best 〉の形。
└省略することもある。

◎ 2つを比べて「A と B ではどちらが好きですか」とたずねるときは，〈Which ~ like better, *A* or *B* ?〉の形。
└like ~ better の形で答える。

◎ 3つ以上を比べて「どの~がいちばん好きですか」とたずねるときは，〈Which ~ like the best?〉の形。
└like ~ the best の形で答える。what を使うこともある。

テストの例題チェック

テストでは 語尾が er, est の形にならずに，不規則に変化するものに注意する。

1 (　　)に適する語を[　　]から選びなさい。

① I like milk (better) than cola. [best / better]
私はコーラよりも牛乳のほうが好きです。

② Akira is my (best) friend. [most / best]
アキラは私のいちばんの友だちです。

③ Which is (better), this or that? [good / better]
これとあれでは，どちらのほうがよいですか。

④ We need (more) water. [much / most / more]
私たちにはもっとたくさんの水が必要です。
much の比較級を使う。

2 (　　)に適する語を入れなさい。 

① Which subject do you (like) (the) (best)?
あなたはどの教科がいちばん好きですか。

② Mike has (more) DVDs (than) you.
マイクはあなたより多くの DVD を持っています。

③ Do you feel (better) (than) yesterday?
└「～と感じる」
あなたはきのうよりも気分がよいですか。
feel good で「気分がよい」。

④ Bob got (the) (most) presents (in) his class.
ボブはクラスで最もたくさんのプレゼントを受け取りました。

⑤ Emily is (the) (best) guitar player (of) us all.
エミリーは私たち全員の中でいちばんじょうずにギターをひきます。

⑥ A: (Which) do you like (better), math or science?
あなたは数学と理科では，どちらが好きですか。

B: I like science (better).
私は理科のほうが好きです。

35 as ～ as …の文

「AはBと同じくらい～だ」のように，程度が同じであることを表す文です。

1 |〈as＋原級＋as〉の文

Ken is as tall as Lisa.

ケンはリサと同じくらいの背の高さです。

◎２つを比べて**「…と同じくらい～」**と程度が同じであることを表すときは，〈as ＋原級＋ as〉の形を使う。

◎as と as の間には，形容詞または副詞の**原級**が入る。

例）I can run **as fast as** Tom.
　└副詞の原級。
私はトムと同じくらい速く走れます。

2 |〈not as＋原級＋as〉の文

This book is not as easy as that one.

この本はあの本ほどやさしくはありません。

◎as ～ as …の否定形 **not as ～ as …**は，比べる対象より程度が低いことを表し，**「…ほど～ではない」**の意味。

くわしく 「…と同じくらい～ではない」という意味ではない。

同意の書きかえ

例）Lisa is**n't as old as** Aki.　リサはアキほど年をとっていません。

＝ Lisa is **younger than** Aki.　リサはアキよりも年下です。
　! 反対の意味を表す語を使う。

＝ Aki is **older than** Lisa.　アキはリサよりも年上です。
　! 比べる相手を主語にする。

テストの例題チェック

テストでは as ～ as … や not as ～ as … の文が作れるようにする。

1 (　　)に適する語を[　　]から選びなさい。

① He's as old (as) Sally.　[as / so / than]
彼はサリーと同じ年です。

② Tom is taller (than) you.　[as / than / of]
トムはあなたよりも背が高いです。

③ His bag is the (biggest) of the six.　[big / biggest]
彼のバッグは 6 つの中でいちばん大きい。

2 ほぼ同じ内容の文になるように，(　　)に適する語を入れなさい。

① Tama isn't as big as Shiro.
→ Shiro is (bigger) (than) Tama.
「シロはタマより大きい」という文に。

② This test is more difficult than that one.
→ This test (isn't) (as) (easy) as that one.
「このテストはあのテストほど簡単ではない」という文に。

3 (　　)に適する語を入れなさい。

① Is China (as) (large) (as) America?
中国はアメリカと同じくらいの大きさですか。
large は big としてもよい。

② Miki's hair (is) (shorter) (than) Aki's.
ミキの髪の毛はアキの髪の毛よりも短い。
比較級の文。

③ Did Ann go to bed (the) (latest) (in) her family?
アンは家族の中でいちばん遅く寝ましたか。
最上級の文。

④ Bob can dance (as) (well) (as) you.
ボブはあなたと同じくらいじょうずに踊れます。

⑤ This mountain (isn't) (as) (high) as that one.
この山はあの山ほど高くはありません。

9章

36 文法のまとめ③

原級・比較級・最上級を使った比較の文のまとめです。

1 | 比較級・最上級の文

◎比較変化…〈原級＋ er, est〉か〈more, most ＋原級〉。
└変化しないもとの形

(原級)	(比較級)	(最上級)
・young └「若い」	— younger	— youngest
・famous └「有名な」	— more famous	— most famous

参考　次の語は不規則に変化する。
good(よい) / well(じょうずに) – better – best
many(多数の) / much(多量の) – more – most

◎比較級の文…〈**比較級**＋ than …〉で **「…よりも～」**。

例) He is **older than** you.　彼はあなたより年上です。

◎最上級の文…〈**the ＋最上級＋ of〔in〕** …〉で **「…でいちばん～」**。

例) He is **the oldest of** all.　彼はみんなの中でいちばん年上です。

ミス注意　of のあとは複数を表す語句，in のあとは場所や範囲を表す語句がつづく。

2 | as ～ as … / like ～ better〔the best〕

◎〈as ＋**原級**＋ as …〉… **「…と同じくらい～」**。

例) I'm **as old as** Tom.　私はトムと同じくらいの年齢です。

ミス注意　否定形 not as ～ as …は「…ほど～ではない」の意味。
He isn't as tall as Nick.　彼はニックほど背が高くありません。

◎like *A* better than *B* … **「B よりも A のほうが好き」**。

例) I **like** dogs **better than** cats.　私はネコよりも犬のほうが好きです。

◎like *A* the best … **「A がいちばん好き」**。

例) I **like** fall **the best** of all.　私は全部の中で秋がいちばん好きです。

テストの例題チェック

テストでは 比較級・最上級の比較変化の形と，文中での使い方を覚える。

1 (　　)に old, older, oldest の中から適するものを入れなさい。

① Ken is (older) than Sam. ❗ than に注目。

② I'm as (old) as your brother. ❗ as と as の間。

③ Alice is the (oldest) of the four. ❗ the と of に注目。

2 [　　]の語を適する形にして，(　　)に入れなさい。

① I got up (earlier) than my mother. [early]
私は母よりも早く起きました。

② Summer is the (hottest) season. [hot]
夏は最も暑い季節です。

③ This is the (best) way. [good]
これがいちばんよい方法です。

④ I walked the (most slowly) of all. [slowly]
私はみんなの中でいちばんゆっくりと歩きました。

3 (　　)に適する語を入れなさい。

① (Which) is (newer), my bag (or) yours?
私のバッグとあなたのでは，どちらのほうが新しいですか。

② This book is (more) (interesting) than that one.
この本はあの本よりおもしろい。 ❗「おもしろい」= interesting。

③ My aunt is (as) (tall) as my mother.
私のおばは私の母と同じくらいの身長です。

④ (Which) do you like (better), tennis (or) soccer?
あなたはテニスとサッカーでは，どちらのほうが好きですか。

⑤ Our school isn't (as) old (as) his school.
私たちの学校は彼の学校ほど古くありません。

9章

37 受け身の文

動作を受けるものが主語になり，「～されます」の意味を表す文です。

1｜受け身の文の形と意味

Ms. Brown is liked by everyone.

ブラウン先生はみんなに好かれています。

◎受け身(現在)の文は，〈be動詞(is, am, are)＋過去分詞〉の形で，「～されます」「～されています」の意味。
└「受動態」ともいう。 └動詞の変化形の１つ。

◎過去の受け身の文は，〈was〔were〕＋過去分詞〉の形。
└「～されました，～されていました」

◎「～によって」と動作をする人を表すときは，〈by＋人〉を文末におく。by ～ は省略されることも多い。

「～する」の文	He uses this cup. └動作をするものが主語。	彼はこのカップを使います。
受け身の文	be動詞＋過去分詞 …「～される」 This cup is used by him. └動作を受けるものが主語。	このカップは彼によって使われます。

2｜いろいろな過去分詞

make ➡ made
(作る)…過去形は made

see ➡ seen
(見る)…過去形は saw

speak ➡ spoken
(話す)…過去形は spoke

write ➡ written
(書く)…過去形は wrote

◎規則動詞の過去分詞は，過去形と同じ -ed の形になる。

テストの例題チェック

テストでは 主語と動詞の形に注意し，受け身の文に書きかえられるようにする。

1 (　　)に適する語を[　　]から選びなさい。

① This song (is) loved in Japan.　[are / is]
この歌は日本で愛されています。

② These dishes (were) washed last night.[are / were]
これらの皿は昨夜洗われました。

③ The tree can be (seen) from here.　[seeing / seen]
その木はここから見られます。
〈助動詞＋be〉の形に注意。

④ Dinner was cooked (by) Tom.　[with / by]
夕食はトムによって作られました。

2 受け身の文に書きかえなさい。

① People use Chinese in China.　中国では中国語を使います。
→ Chinese (is) (used) in China.
一般の人々を表す people は受け身の文ではふつう省略される。

② Bob cleaned this room.　ボブがこの部屋をそうじしました。
→ This room (was) (cleaned) (by) Bob.

3 (　　)に適する語を入れなさい。

① It (was) (made) in Japan.　それは日本で作られました。

② The festival (is) (held) in fall.　その祭りは秋に開かれます。

③ These flowers (were) (picked) yesterday.
これらの花はきのう，つみ取られました。
「つみ取る」は pick。

④ This letter (was) (written) (by) her.
この手紙は彼女によって書かれました。
by のあとに代名詞が続くときは目的格を使う。

⑤ English (is) (spoken) around the world.
└「世界中で〔に〕」
英語は世界中で話されています。

10章

38 受け身の疑問文／否定文

「～されますか」とたずねる文や，「～されません」と打ち消す文です。

1 | 受け身の疑問文と答え方

Is English used here? ここでは英語が使われていますか。

— Yes, it is. はい，使われています。

— No, it isn't. いいえ，使われていません。

◎受け身（現在）の疑問文は，**be 動詞**（is, am, are）**を主語の前に**おいて，〈**be 動詞＋主語＋過去分詞 ～?**〉の形。

◎「～されますか」「～されていますか」の意味。

くわしく　疑問文でも過去分詞の形は変わらない。

◎答え方は，ふつうの be動詞の疑問文に答えるときと同じ。

◎過去の疑問文は，〈**Was〔Were〕＋主語＋過去分詞 ～?**〉の形。
└「～されましたか」「～されていましたか」

2 | 受け身の否定文

The book wasn't written in Spanish.
その本はスペイン語で書かれていませんでした。

◎受け身（現在）の否定文は，**be 動詞**（is, am, are）**のあとに not** をおき，〈**主語＋be 動詞＋not＋過去分詞 ～.**〉の形。

◎「～されません」「～されていません」の意味。

◎過去の否定文は，〈**was〔were〕 not ＋過去分詞**〉の形。
└「～されませんでした」「～されていませんでした」

くわしく　be動詞を含む文の疑問文・否定文の作り方はどれも同じ。

テストの例題チェック

テストでは 受け身の疑問文や否定文が作れるようにする。書きかえにも注意。

1 (　　)に適する語を[　　]から選びなさい。

① (Is) this book read in Japan? [Is / Was / Does]
└過去分詞
この本は日本で読まれていますか。

② (Does) she write poems? [Is / Did / Does]
└「詩」
彼女は詩を書きますか。
❗ 一般動詞の現在の疑問文。

③ Was the rat (caught) by him? [caught / catching]
「ネズミ」
そのネズミは彼につかまえられましたか。

2 受け身の文に書きかえなさい。

① Amy doesn't use this bike. エイミーはこの自転車を使いません。
→ This bike (isn't) (used) (by) Amy.

② Did Ken buy those books? ケンはそれらの本を買いましたか。
→ (Were) those books (bought) (by) Ken?

3 (　　)に適する語を入れなさい。

① The concert (wasn't) (held) yesterday.
そのコンサートはきのう開かれませんでした。

② (Where) (are) these cups (made)?
これらのカップはどこで作られていますか。
❗ 疑問詞は文の最初におく。

③ A: (Are) his songs liked (by) girls?
彼の歌は女の子たちに好かれていますか。
B: (Yes), they (are). はい，好かれています。

④ A: (Was) this picture (taken) by Sam?
この写真はサムが撮ったのですか。
B: (No), it (wasn't). いいえ，ちがいます。

10章

テスト直前 最終チェック！

比較級と最上級の文

❶2つを比べて「…より～」➡〈比較級＋ than …〉の形。

❷3つ以上を比べて「…の中でいちばん～」

➡〈the ＋最上級＋ in ＋場所・範囲〉，〈the ＋最上級＋ of ＋複数を表す語句〉の形。

➡比較級は形容詞や副詞の語尾に(e)r を，最上級は語尾に(e)st をつける。

➡〈more ＋原級〉，〈most ＋原級〉や，不規則に変化するものもある。

疑問詞を使う比較の文

❶「A と B ではどちらがより～か」

➡〈Which〔Who〕 is ＋比較級 , A or B?〉の形。

❷「…の中でどれ〔だれ〕がいちばん～か」

➡〈Which〔Who〕 is the ＋最上級＋ in〔of〕…?〉の形。

❸「A と B ではどちらが好きか」

➡〈Which ～ do you like better, A or B?〉の形。

➡「B より A が好き」は，〈like A better than B〉の形。

❹「どれがいちばん好きか」➡〈Which ～ do you like the best?〉の形。

➡「A がいちばん好き」は，〈like A the best〉の形。

as～as…の文

❶「…と同じくらい～」➡〈as ＋原級＋ as …〉の形。

❷「…ほど～でない」➡〈not as ＋原級＋ as …〉の形。

比較の文・受け身の文

☑ 受け身の文

❶「～される」「～されている」➡〈am/ is / are +過去分詞〉の形。

❷「～された」「～されていた」➡〈was / were +過去分詞〉の形。

This room is cleaned every day. この部屋は毎日そうじされます。

This room was cleaned yesterday. この部屋はきのうそうじされました。

❸「～によって」➡ 動作をする人は〈by ＋人〉で表す。

This room was cleaned by him. この部屋は彼によってそうじされました。

❹ **規則動詞の過去分詞** ➡ 過去形と同じく -ed の形で表す。

◎不規則動詞も多くは過去形と同じ形だが，過去形と異なる語もある。

❺ **否定文** ➡〈主語＋ be 動詞＋ not ＋**過去分詞** ～.〉の形。

Baseball isn't **played** in this country.

この国では野球は行われていません。

❻ **疑問文** ➡〈be 動詞＋主語＋**過去分詞** ～?〉の形。

Is Japanese spoken here? ここでは日本語が話されていますか。

「はい」→ Yes, it is. ／「いいえ」→ No, it isn't.

❼ **疑問詞がつく場合**

➡〈疑問詞＋ be 動詞＋主語＋**過去分詞** ～?〉の形。

When **was** this temple **built**? この寺はいつ建てられましたか。

―(It **was built**) about five hundred years ago.

それは約500年前に建てられました〔約500年前です〕。

10章

39 「継続」を表す文

「ずっと～しています」と過去から現在まで状態が続いていることを表す文です。

1｜現在完了形「継続」の形と意味

I have lived in this town for six years.

私はこの町に6年間ずっと住んでいます。

◎現在完了形は，〈have＋過去分詞〉の形。主語が**3人称単数**のときは〈has＋過去分詞〉の形になる。

◎「ずっと～している」という意味で，**過去のある時に始まった状態が現在まで継続している**ことを表す。

現在の文	I live here.	私はここに住んでいます。
	↓〈have＋過去分詞〉に。	
現在完了形の文	I have lived here for ten years.	私は10年間ここに住んでいます。

2｜for（～の間）と since（～以来）

He has been busy for ten hours. 彼は10時間ずっと忙しいです。

He has been busy since yesterday. 彼はきのうからずっと忙しいです。

◎ for（～の間）は期間の長さを，since（～以来）はいつ始まったかを表す。

くわしく 〈主語＋have〉は短縮形をよく使う。

主語＋have	短縮形
I have	I've
we have	we've
you have	you've
they have	they've

テストの例題チェック

テストでは have と has, for と since の使い分けと動詞の過去分詞の形を押さえる。

1 (　　)に適する語を下の[　　]から選びなさい。

① I (have) lived in Nagano for three years.
[am / do / have / will]

② Kenta (has) had his bike since last winter.
[is / was / have / has]

③ We've (been) in Kyoto for three days.
[be / been / are / were]

been は be動詞の過去分詞。

2 (　　)内の意味の語句を加えて現在完了形の文に書きかえなさい。

① I'm busy. (「きのうから(ずっと)」)
→ I've (been) busy (since) yesterday.
私はきのうからずっと忙しいです。

② They know Jim. (「２年間(ずっと)」)
→ They've (known) Jim (for) two years.
彼らは２年間ジムと知り合いです。

③ Mike plays tennis. (「10年間(ずっと)」)
→ Mike (has) (played) tennis (for) ten years.
マイクは10年間テニスをしています。

3 (　　)に適する語を入れなさい。

① They've (worked) in this store (for) five months.
彼らは５か月間ずっとこの店で働いています。

② I (have) (had) a dog (since) last year.
私は去年から犬を飼っています。

③ My father (has) (been) a teacher (for) twenty years.
私の父は20年間ずっと教師です。

④ You and Sam (have) (been) good friends (since) this spring.
あなたとサムはこの春からずっとよい友だちです。

40 「継続」の否定文 / 疑問文

「ずっと～していません」と打ち消す文と,「ずっと～していますか」とたずねる文です。

1 |「継続」の否定文

I haven't been busy since last Tuesday.

私はこの前の火曜日からずっと忙しくありません。

◎現在完了形の否定文は,〈have〔has〕+ not +過去分詞〉の形。

◎短縮形…have not → haven't / has not → hasn't

2 |「継続」の疑問文

Have you been busy since yesterday?

あなたはきのうからずっと忙しいのですか。

— Yes, I have. はい,忙しいです。

— No, I haven't. いいえ,忙しくありません。

◎現在完了形の疑問文は,have〔has〕を主語の前において,〈Have〔Has〕+主語+過去分詞 ～?〉の形。

◎Have〔Has〕～? には,have〔has〕を使って答える。

◎「期間」をたずねる疑問文は,How long で始めて,〈How long have〔has〕+主語+過去分詞 ～?〉の形。

例)**How long** have you lived in Tokyo?

あなたはどのくらい東京に住んでいますか。

— I have lived there **for** one year. 私は1年間そこに住んでいます。

— **Since** last April. この前の4月からです。

テストの例題チェック

テストでは have と has の使い分けと「期間」をたずねる文を押さえる。

1 (　　)に適する語を入れなさい。

① (Has) she lived in Sapporo for a year? — Yes, she (has).
彼女は1年間，札幌に住んでいるのですか。— はい，住んでいます。

② (Have) you and Bill been friends since then? — Yes, we (have).
あなたとビルはその時以来，友だちなのですか。— はい，友だちです。

③ James (hasn't) been here since this morning.
ジェームズはけさからずっとここにいません。　❗ has not の短縮形を入れる。

④ I (haven't) (seen) Lisa for a long time.
私は長い間リサに会っていません。　❗ have not の短縮形を入れる。

2 [　　]内の指示にしたがって書きかえなさい。

① You've been busy for two days. 〔疑問文に〕
→ (Have) you (been) busy for two days?

② Jack has been in Japan since last year. 〔否定文に〕
→ Jack (has) (not) been in Japan since last year.

3 (　　)に適する語を入れなさい。

① A: (Have) they (been) in the gym since this morning?
彼らはけさから体育館にいるのですか。
B: Yes, they (have).　はい，そうです。

② A: (Has) he (known) Lisa for a year?
B: No, he (hasn't).　いいえ，知りません。
彼は1年間リサを知っているのですか。

③ A: How (long) (have) you studied English?
あなたはどのくらいの間，英語を勉強していますか。
B: (For) six years.　6年間です。

11章

41 「経験」を表す文

「～したことがあります」と現在までの経験を表す文です。

1｜現在完了形「経験」の形と意味

I have visited Osaka three times.

私は大阪を３回訪れたことがあります。

◎現在完了形は，〈have〔has〕＋過去分詞〉の形。

◎「～したことがある」という意味で，**現在までの経験**を表す。

過去の文	I visited Osaka.	私は大阪を訪れました。
	↓〈have ＋過去分詞〉に。	
現在完了形の文	I have visited Osaka three times.	私は大阪を３回訪れたことがあります。

◎「経験」の現在完了形の文では，次のような語句がよく使われる。

once	（１回）	before	（以前）
twice	（２回）	sometimes	（ときどき）
～ times	（～回）	often	（しばしば）
many times	（何回も）		

2｜have been to ～

Mark has been to Canada once.

マークは１度カナダに行ったことがあります。

◎「～へ行ったことがある」は，have been to ～を使う。to のあとには場所を表す語句がくる。

テストの例題チェック

テストでは 過去分詞の形，「経験」の文でよく使われる語句と have been to ～の表現を押さえる。

1 (　　)に適する語を下の[　　]から選びなさい。

① I've (seen) the movie twice.
[see / saw / seen / seeing]

② She has (read) the book many times.
[read / reads / reading]

③ We've often (been) to Kyoto.
[be / been / visit / visited]

! visit のあとに to は不要。

2 (　　)内の意味の語句を加えて現在完了形の文に書きかえなさい。

① I played golf. (「以前したことがある」)
→ I (have) (played) golf (before).

! golf ＝「ゴルフ」

② Lucy ate sushi. (「２度食べたことがある」)
→ Lucy (has) (eaten) sushi (twice).

③ They climbed Mt. Fuji. (「１回登ったことがある」)
→ They (have) (climbed) Mt. Fuji once.

3 (　　)に適する語を入れなさい。

① My aunt (has) (met[seen]) the actor a few times.
私のおばは２，３回その俳優に会ったことがあります。

② (I've) traveled by plane (once).
私は１度飛行機で旅行したことがあります。

③ My father (has) (been) (to) some foreign countries.
私の父はいくつか海外の国に行ったことがあります。

④ We (have) (written) e-mails in English many (times).
私たちは英語でメールを書いたことが何回もあります。

11章

42 「経験」の否定文 / 疑問文

「～したことがありません」と打ち消す文と，「～したことがありますか」とたずねる文です。

1 「経験」の否定文

I have never been to France.

私はフランスに行ったことが1度もありません。

◎現在完了形の否定文は, have, has のあとに **not** をおくが,「1度も～したことがない」と言うときは, never を使って,〈have〔has〕+ never +過去分詞〉の形にする。

2 「経験」の疑問文

Have you ever seen a panda?

あなたは今までにパンダを見たことがありますか。

— Yes, I have. はい，あります。

— No, I haven't. いいえ，ありません。

◎現在完了形の疑問文は,〈Have〔Has〕+主語+**過去分詞** ～?〉の形だが,「経験」の疑問文では「今までに」という意味の ever を入れることがよくある。

◎Have〔Has〕～? には, **have〔has〕を使って**答える。

ミス注意 「回数」はhow many timesでたずねる。

How many times have you played tennis?

あなたは何回テニスをしたことがありますか。

—I have played it once.　1度したことがあります。

—I have never played it.　1度もしたことがありません。

テストの例題チェック

テストでは 「回数」のたずね方，never と ever の使い方を押さえる。

1 (　　)に適する語を入れなさい。

① (Have) you visited Okinawa before? — Yes, I (have).
あなたは以前に沖縄を訪れたことがありますか。— はい，あります。

② (Has) Bob ever played tennis? — No, he (hasn't).
ボブは今までにテニスをしたことがありますか。— いいえ，ありません。

③ Nancy (has) (never) had sushi.
ナンシーは 1 度もすしを食べたことがありません。

「1度も～したことがない」は never を使う。

④ How (many) times (have) you seen this movie?
あなたは何度この映画を見たことがありますか。

2 [　　]内の指示にしたがって書きかえなさい。

① You've sung this song before. 〔疑問文に〕
→ (Have) you (sung) this song before? あなたは以前にこの歌を歌ったことがありますか。

② She has read the book. 〔「1度も～したことがない」という文に〕
→ She (has) (never) read the book. 彼女は1度もその本を読んだことがありません。

3 (　　)に適する語を入れなさい。

① A: (Have) you (ever) (met) her? あなたは今までに彼女に会ったことがありますか。
B: Yes, I (have). はい，あります。

② A: (Has) he (been) there? 彼はそこに行ったことがありますか。
B: No, he (hasn't). いいえ，ありません。

③ I've (never) (tried) sushi. 私はすしを食べてみたことが1度もありません。

④ A: How (many) (times) (have) you visited him?
あなたは何度，彼を訪問したことがありますか。
B: Only (once). 1度だけです。

「1度，1回」は once。

43「完了」を表す文

「〜したところです」と過去に始まった動作が完了したことを表す文です。

1 | 現在完了形「完了」の形と意味

I have just finished lunch.

私はちょうど昼食を終えたところです。

◎現在完了形は，〈have〔has〕+過去分詞〉の形。

◎「〜したところだ」「〜してしまった」という意味で，**過去に始まった動作が完了した**ことを表す。

過去の文	I cleaned my room.	私は部屋をそうじしました。
	↓〈have +過去分詞〉に。	
現在完了形の文	I have just cleaned my room.	
	私はちょうど部屋をそうじしたところです。	

◎「完了」の文では，just（ちょうど）や already（すでに）などの語がよく使われる。

2 |「完了」の否定文と疑問文

◎否定文は，〈**have〔has〕+ not +過去分詞**〉の形。「まだ」という意味の yet を入れることもよくある。

例）I have**n't** had lunch **yet**.　私はまだ昼食を食べていません。

◎疑問文は，〈**Have〔Has〕+主語+過去分詞 〜?**〉の形。「もう」という意味の **yet** を入れることもよくある。

例）**Have** you done your homework **yet**?　宿題はもうしましたか。

— No, I haven't. / No, not **yet**.　いいえ。/ いや，まだです。

テストの例題チェック

テストでは just, already だけでなく，否定文でも疑問文でも使う yet の用法に注意する。

1 (　　)に適する語を[　　]から選びなさい。

① I've (already) washed the dishes. [already / times / since]

② She's just (done) her homework. [does / did / done]
└She has の短縮形

③ The game hasn't started (yet). [twice / for / yet]

④ A: (Have) they cleaned the classroom? [Have / Has / Do]
B: No, they (haven't). [haven't / hasn't / don't]

2 (　　)内の意味の語句を加えて現在完了形の文に書きかえなさい。

① I wrote a letter to her. (「ちょうど書いたところだ」)
→ I (have) (just) (written) a letter to her.

「ちょうど」は just。

② He has arrived home. (「まだ家に着いていない」)
→ He (has) (not) arrived home (yet).

否定文。「まだ～ない」は yet。

③ You have watched the drama. (「そのドラマをもう見てしまったか」)
→ (Have) you (watched) the drama (yet)?

3 (　　)に適する語を入れなさい。

① The train (has) (already) (left) the station.
電車はすでに駅を出てしまいました。

② (I've) (just) (finished) eating lunch.
私はちょうど昼食を食べ終えたところです。

③ Jeff has (not) (tried) sushi (yet).
ジェフはまだすしを食べてみていません。

④ A: (Have) you (made[cooked]) dinner (yet)?
あなたはもう夕食を作りましたか。
B: No, not (yet). いいえ，まだです。

テスト直前 最終チェック！

☑ 現在完了形の文

❶ **現在完了形** ➡ 〈**have〔has〕**＋**過去分詞**〉の形。

❷ **現在完了形の意味(1)** ➡ 「(ずっと)～している」(継続)

I **have lived** in this town **for** ten years.
私はこの町に10年間住んでいます。

➡ for(～の間)や since(～から)をよく使う。

❸ **現在完了形の意味(2)** ➡ 「～したことがある」(経験)

I **have climbed** Mt. Fuji **twice.**
私は２度富士山に登ったことがあります。

➡ 回数を表す語句や，before(以前)などをよく使う。

❹ **現在完了形の意味(3)** ➡ 「～してしまった」(完了)

I **have just finished** my homework.
私はちょうど宿題を終えたところです。

➡ just(ちょうど)や already(すでに)をよく使う。

☑ 否定文

❶ **「～していません」「したことがありません」**

➡ have〔has〕のあとに not をおく。

We **haven't seen** David since yesterday.
私たちはきのうからデイビッドに会っていません。

➡「経験」を意味する文では，not ではなく never を使う。

My father **has** never **been** to France.

父は一度もフランスに行ったことがありません。

☑ 疑問文

❶「**これまでに～したことがありますか**」

➡〈Have〔Has〕＋主語 +ever ＋**過去分詞** ～?〉の形。

Have you ever **seen** a panda?

あなたはこれまでにパンダを見たことがありますか。

「はい」→ Yes, I have. /「いいえ」→ No, I haven't.

❷「**もう～していますか**」➡〈Have〔Has〕＋主語＋**過去分詞** +yet?〉の形。

Has the game **started** yet?　試合はもう始まっていますか。

「はい」→ Yes, it has.

「いいえ」→ No, it hasn't. / No, not yet.

❸ **疑問詞がつく場合** ➡ 疑問詞を**文の最初**におく。

How long **has** he **been** in Japan?

彼はどれくらい日本にいるのですか。

－ For three years.　3年間です。

－ Since 2020.　2020年からです。

44 同意を求める／驚きを表すなど

テストによく出る会話表現をおさえましょう。

相手に同意を求める

A: **This book is interesting, isn't it?**

この本はおもしろいですよね。

B: **Yes, it is.** はい，おもしろいです。

☑ A: You have a computer, (don't) (you)?

あなたはコンピューターを持っていますね。

B: Yes. I use it to surf the internet.

└「ネットサーフィンをする」

はい。それをネットサーフィンするのに使います。

☑ A: Ken didn't go there, (did) (he)?

└前の文が否定文のときは，「～ですね」は肯定の形。

ケンはそこへ行きませんでしたね。

B: No. He was busy. ええ。彼は忙しかったのです。

感嘆や驚きを表す

A: **I'm going to go to Canada next week.**

私は来週カナダへ行く予定です。

B: **How nice!** なんてすてきなのでしょう！

☑ A: Look. This is my cat Kuro. 見て。これは私のネコのクロです。

B: (How) (cute)! なんてかわいいのでしょう！

くわしく What で始まる「なんて～な…でしょう！」という感嘆を表す文は，〈What (a / an)＋形容詞＋名詞 ～！〉の形。

賛成・反対を伝える，あいづちなど 

A: I think Judy is a good singer.

私は，ジュディーは歌がうまいと思います。

B: I think so, too. 私もそう思います。

☑ A: We should help each other.
　　　　　　　　　　　　└「おたがい」
私たちはおたがいに助け合うべきです。

B: (I) (agree) with you. 私はあなた(の意見)に賛成です。

くわしく I agree. とだけ言うこともある。

☑ A: I think Tom likes Emi.

私は，トムはエミのことが好きだと思います。

B: Really? I (don't) (think) so.

ほんとう？ 私はそうは思いません。

☑ A: I went to a movie yesterday.
　　　└「映画を見に行った」
私はきのう映画を見に行きました。

B: Oh, (did) (you)? まあ，そうだったのですか。

くわしく 「そうですか」とあいづちを打つときは，相手の発言の〈主語＋動詞〉をうけて，do you? や was he? のような2語の疑問の形を使う。

☑ A: Shall we go shopping tomorrow?

あす，いっしょに買い物に行きましょうか。

B: That (sounds) (good[nice]). それはいいですね。

☑ A: Aren't you tired?

あなたは疲れていないのですか。

B: (Yes), I (am). いいえ，疲れています。

くわしく 否定の疑問文に対しては，答えの内容が肯定であれば Yes，否定であれば No で答える。日本語の訳し方とのちがいに注意。

45 電話／買い物／旅行

テストによく出る会話表現をおさえましょう。

電話

A: **May I speak to Aki, please?**

アキをお願いします。

B: **Yes. Hold on, please.**

はい。少しお待ちください。

☑ A: (**Hello**)? もしもし。

B: Hello. (**This**) (**is**) Eri.

もしもし。こちらはエリです。

くわしく 電話で「こちらは～です」と自分の名前を言うときは，This is ～. を使う。

☑ A: (**May〔Can〕**) (**I**) speak to Jun, please?

ジュンをお願いします。

B: (**Speaking**). Hi, Sam. What's up?

私です。こんにちは，サム。どうしたの。

☑ A: (**Is**) Mike (**there**)?

マイクはいますか。

B: (**Sorry**), but he's (**out**) now.

あいにくですが，彼は今，外出中です。

☑ A: Is this Ms. Green? グリーンさんですか。

B: Sorry. You (**have**) the (**wrong**) number.

すみません。番号がちがっていますよ。

買い物

A: May I help you?　いらっしゃいませ。(何かお手伝いしましょうか。)

B: Yes, please.　お願いします。

☑ A: Can I help you?　いらっしゃいませ。

B: Yes.　I'm (looking) (for) a bag.

はい。かばんをさがしているのですが。

参考　「見ているだけです」と答えるときは，I'm just looking. と言う。

☑ A: (How) (about) this one?　こちらはいかがですか。

B: May I (try) it (on)?　試着してもいいですか。

A: Sure.　どうぞ。

☑ A: (How) (much) is it?　いくらですか。

B: It's 5,000 yen.　5000円です。

A: OK.　I'll (take) it.　はい。それをいただきます。

旅行(入国審査)

A: Show me your passport, please.

パスポートを見せてください。

B: Here you are.　はい，どうぞ。

☑ A: What's the purpose of your visit?
(purpose └「目的」　visit └「訪問」)

あなたの訪問の目的は何ですか。

B: (Sightseeing).　観光です。

参考　入国審査では，ほかに滞在期間(How long are you going to stay?)なども聞かれる。

12章

46 体調を伝える／道案内

テストによく出る会話表現をおさえましょう。

体調を伝える

A: What's wrong? どうしたのですか。

B: I have a headache.

私は頭が痛いのです。

☑ A: (What's) the (matter)? どうしたのですか。

B: I think I (have) a (cold).

私はかぜをひいているのだと思います。

☑ A: Are you (all) (right)? だいじょうぶですか。

B: I (feel) (sick). 気分が悪いのです。

A: You should (see) a doctor.

あなたは医者にみてもらうべきです。

☑ A: (How) do you feel now?

今の気分はどうですか。

B: I (feel) much (better). だいぶいいです。

くわしく 気分がそれほど悪くないときは Not so bad. などと言う。

その他の体調を伝える文

☑ I (have) a (stomachache). おなかが痛いです。

☑ I (have) a (toothache). 歯が痛いです。

☑ I (have) a (fever). 熱があります。

☑ It (hurts) here. ここが痛いです。

道案内

A: How can I get to the station?

駅へはどう行けばよいですか。

B: Go straight and turn right.

まっすぐ行って，右に曲がってください。

☑ A: Could you (tell) (me) (the) (way) to the library?

私に図書館への行き方を教えていただけますか。

B: Go (down) this street and (turn) (left) (at) the second corner.
└along でもよい。

この通りに沿って行き，2 番目の角で左に曲がってください。

くわしく Could you ～? は Can you ～? よりもていねいなたずね方。

☑ A: Excuse me. (Where's) the hospital?

すみません。病院はどこでしょうか。

B: (Go) straight, and you'll (see) it (on) your left.

まっすぐ行くと，左手に見えますよ。

くわしく you'll find it ～(～に見つかりますよ)とも言う。

☑ A: I'm (looking) (for) the post office.

郵便局をさがしているのですが。

B: I'm (sorry). I'm a (stranger) here.

すみません。このあたりはよく知らないのです。

参考 場所をたずねられて，わからない場合，I'm afraid I don't know.（あいにくですが，わかりません。）などとも言う。

47 天候／依頼するなど

テストによく出る会話表現をおさえましょう。

天候

A: How's the weather in Tokyo?

東京の天気はどうですか。

B: It's sunny. 晴れています。

☑ A: (What's) the weather (like) in Kyoto now?

今，京都の天気はどんな様子ですか。

B: (It's) cloudy and cold.

くもっていて，寒いです。

くわしく 天候や寒暖を表す文では，主語には it を使う。

依頼する

A: Can you open the door?

ドアを開けてくれますか。

B: Sure. いいですよ。

☑ A: (Could) (you) come and help me?

私を手伝いに来てくださいませんか。

B: Sorry. I'm busy now. ごめんね。今，忙しいの。

くわしく Could you ～? は Can you ～? のていねいな言い方。

その他のいろいろな表現

〈許可を求める〉

A: **May I see it?** それを見てもいいですか。

B: **All right.** いいですよ。

〈誘う・提案する〉

A: **Shall we go to a movie?**

いっしょに映画を見に行きましょうか。

B: **Sounds good.** いいですね。

〈申し出る〉

A: **Shall I bring it now?**

今，それを持ってきましょうか。

B: **Yes, please.** はい，お願いします。

☑ A: (Can〔May〕) (I) ask you a question?

あなたに1つ質問してもいいですか。

B: Sure. いいですよ。

くわしく　Can I ～? よりも May I ～? のほうがていねいな言い方。

☑ A: (Why) (don't) (you) come to my house?

私の家に来ませんか。

B: OK. いいですよ。

参考　誘う表現は，Why don't we ～? や Let's ～. などもある。

☑ A: (Would) you (like) something to drink?

何か飲むものはいかがですか。

B: Yes, I'll have tea. ええ，お茶をいただきます。

12章

48 動　詞

動詞の変化形や文型の種類をおさらいしましょう。

動詞の変化形

◎動詞は，時や主語の人称・数などによって形が変わる。

	原　形	現在形	過去形	ing 形
規則動詞	clean（そうじする）	clean, cleans	cleaned	cleaning
	die（死ぬ）	die, dies	died	dying
	carry（運ぶ）	carry, carries	carried	carrying
	stop（やめる）	stop, stops	stopped	stopping
不規則動詞	be（～である）	is, am / are	was/were	being
	come（来る）	come, comes	came	coming
	have（持っている）	have, has	had	having

※動詞の変化形には，上記のほかに過去分詞という形がある。

動詞と文型

◎あとに補語をとる動詞(SVC の文)。

look young　若く見える　　become a teacher　教師になる

◎あとに目的語を 2 つとる動詞(SVOO の文)。

give her a present　彼女にプレゼントをあげる

参考　send(～に…を送る)，show(～に…を見せる)などもある。

◎あとに〈目的語＋補語〉をとる動詞(SVOC の文)。

call my dog Kuro　私の犬をクロと呼ぶ

参考　make(～を…にする)，name(～を…と名づける)などもある。

テストの例題チェック

テストでは 動詞は意味だけでなく，使われる文型や活用もあわせて覚える。

1 [ ]の語を適する形にして，( )に入れなさい。

① He (bought) the book two days ago. [buy]
彼は2日前にその本を買いました。

② I (gave) Bill a camera before. [give]
私は以前，ビルにカメラをあげました。

③ I (heard) the news yesterday. [hear]
私はきのう，その知らせを聞きました。

④ Saki (wrote) a letter last night. [write]
サキは昨夜，手紙を書きました。

⑤ The old dog is (dying). [die]
その老犬は死にかけています。
「～しかけている」は，現在進行形で表す。

2 ( )に適する語を入れなさい。

① I (thought) that Yuka (was) kind.
私は，ユカは親切だと思いました。
that の前の動詞が過去形のときは，うしろの動詞も過去形にする。

② The movie will (make) you happy.
その映画はあなたがたを幸せにします。
SVOC の文では「～を…にする」の意味。

③ She (made) us cookies.
彼女は私たちにクッキーを作ってくれました。
SVOO の文では「～に…を作ってやる」。

④ They will (be) fourteen next month.
彼らは来月，14歳になります。
助動詞のあとの動詞は原形。

⑤ Andy (felt) (tired) then.
アンディーはそのとき疲れを感じました。
feel も SVC の文型を作る動詞。

⑥ She (took) pictures and (sent) them to Jim.
彼女は写真をとり，それらをジムに送りました。

13章

49 形容詞 / 副詞

比較級・最上級の作り方や，時や程度を表す副詞をおさらいしましょう。

形容詞・副詞の比較変化

◎原級は〈as ＋原級＋ as …〉，比較級は〈比較級＋ than …〉，最上級は〈the ＋最上級＋ in〔of〕…〉の形で使う。

原　級	比較級	最上級
hard（難しい，熱心に）	harder	hardest
young（若い）	younger	youngest
hot（暑い，熱い）	hotter	hottest
late（遅れた，遅く）	later	latest
easy（簡単な）	easier	easiest
famous（有名な）	more famous	most famous
exciting（興奮させる）	more exciting	most exciting
good（よい）	better	best
many（多くの）	more	most

参考　well（じょうずに）やmuch（多量の）も不規則に変化する。
well – better – best / much – more – most

時や程度などを表す副詞

- a week ago　1週間前に
- almost　ほとんど
- carefully　注意深く
- always　いつも
- before　以前に
- also　～もまた
- early　早く
- soon　すぐ，まもなく

参考　always はふつう，be動詞のあとか一般動詞の前におかれる。

テストの例題チェック

テストでは 形容詞・副詞の意味を押さえる。比較級・最上級の作り方にも注意。

1 [　　]の語を適する形にして，(　　)に入れなさい。

① This is the (saddest) movie of all. [sad]
これはすべての中でいちばん悲しい映画です。
! 最上級の文。

② I need (more) money. [much]
私はもっと多くのお金が必要です。
! 比較級を入れる。

③ My bag is (prettier) than Yuki's. [pretty]
私のかばんはユキのよりもかわいい。
! 比較級の文。

2 (　　)に適する語を入れなさい。

① We should drive (carefully). 私たちは注意深く運転するべきです。

② Lisa and I traveled (together) two years (ago).
リサと私は 2 年前にいっしょに旅行しました。

③ Bob studies (almost) as (hard) (as) Tom.
ボブはトムとほとんど同じくらい熱心に勉強します。

④ My watch is (more) (expensive) (than) yours.
私の腕時計はあなたのより値段が高いです。

⑤ I had a (wonderful) time there (before).
私は以前そこですばらしい時を過ごしました。

⑥ I like cats. I (also) like dogs.
私はネコが好きです。犬もまた好きです。

⑦ This is (the) (most) (famous) place in Japan.
ここは日本でいちばん有名な場所です。

⑧ A: Who plays tennis (better), you (or) Yuki?
あなたとユキでは，どちらのほうがテニスがじょうずですか。

B: Yuki (does). ユキです。

50 名　詞

❗が付いている語はつづりに注意しましょう。

天　気

❗ weather	（天気）	rain	（雨）
❗ cloud	（雲）	snow	（雪）
wind	（風）		

くわしく　rain, cloud, snow, wind の語尾に y をつけると形容詞になる。

色

❗ color		色	red	★	赤
❗ white	☆	白	black	★	黒
❗ yellow	☆	黄	blue	★	青
green	★	緑	brown	★	茶

顔の部分 / 複数形

face	（顔）	eye	（目）
ear	（耳）	nose	（鼻）
❗ mouth	（口）		

注意すべき名詞の複数形

child（子ども）➡ children　foot（足）➡ feet

man（男性）➡ men　woman（女性）➡ women

❗ child, foot, man, woman は不規則に変化する。

fish（魚）➡ fish　leaf（葉）➡ leaves

❗ 単数形と複数形が同じ形。　❗ f を v にかえてから es をつける。

テストの例題チェック

テストでは 関連のある語はまとめて覚えて，語いを増やすようにする。

1 英語は日本語に，日本語は英語にしなさい。

① brown	（ 茶 ）	⑦ color	（ 色 ）
② yellow	（ 黄 ）	⑧ blue	（ 青 ）
③ weather	（ 天気 ）	⑨ ear	（ 耳 ）
④（ black ）	黒	⑩（ rain ）	雨
⑤（ mouth ）	口	⑪（ face ）	顔
⑥（ cloud ）	雲	⑫（ white ）	白

2 [ ]の語を適する形にして，（ ）に入れなさい。

① There are many (children) in the park. [child]

② All the (leaves) are green. [leaf]

③ We can see some (sheep) here. [sheep]
└「羊」

! sheep は単数形と複数形が同じ形。

3 （ ）に適する語を入れなさい。

① The dog has big (feet). その犬は足が大きい。

② We (had) a lot of (snow) in January.
1 月はたくさん雪が降りました。

③ (Touch) your (nose). 鼻をさわりなさい。

④ A: (How's) the (weather) in Yokohama?
横浜の天気はどうですか。

B: It's (rainy) today. きょうは雨です。

! 名詞ではなく形容詞を入れる。

⑤ A: What's your (favorite) (color)?
あなたのいちばん好きな色は何ですか。

B: I like (red). 私は赤が好きです。

51 代名詞 / 前置詞

❗が付いている語はつづりに注意しましょう。

代名詞

☑ **Someone** is at the door. だれかがドアのところにいます。

☑ Do you know **anything** about it?
あなたはそのことについて何か知っていますか。

☑ It's too big for me. Give me **another**, please.
それは私には大きすぎます。別のものをください。

☑ One is red, and the **other** is black. 1つは赤で，もう1つは黒です。

☑ **Each** of the students has a bike.
生徒たちはそれぞれ自転車を持っています。

☑ They **all** like music. 彼らはみんな音楽が好きです。

前置詞

❗☑ **among** the students
生徒たちの間で

☑ **between** you and me
あなたと私の間に

☑ **around** the lake
湖のまわりに

❗☑ **during** the summer
夏の間(ずっと)

☑ **along** the river
川に沿って

❗☑ **through** the park
公園を通りぬけて

☑ **in** an hour 1時間後に

☑ **above** the cloud 雲の上に
くわしく 離れて上の方にあること。

❗☑ **until** ten 10時まで

☑ **without** water 水なしで

テストの例題チェック

テストでは 代名詞・前置詞の意味や用法を覚え，文の中で使えるようにする。

1 (　　)に適する語を[　　]から選びなさい。

① Mika lived (around) here. [along / around]
ミカはこのあたりに住んでいました。

② I couldn't see (anyone). [someone / anyone]
私にはだれも見えませんでした。
! not ～ any- で「1つも～ない」の意味。

③ He went (through) the forest. [through / in / at]
彼は森の中を通りぬけて行きました。

④ I'll come back (in) a week. [on / at / in]
私は1週間後に戻ります。

2 (　　)に適する語を入れなさい。

① Be kind to (others). 他の人には親切にしなさい。

② (All) of the cameras were new.
すべてのカメラは新品でした。

③ I studied (until) eleven last night.
私は昨夜は11時まで勉強しました。
! till としてもよい。

④ Where did you go (during) the vacation?
休みの間，あなたはどこへ行きましたか。

⑤ My father often goes out (without) a bag.
私の父はよくバッグを持たずに出かけます。

⑥ Yumi is sitting (between) Ken (and) Emily.
ユミはケンとエミリーの間にすわっています。

⑦ A: I don't like this shirt. Show me (another).
このシャツは好きではありません。ほかのを見せてください。
B: How about this (one)? こちらはどうですか。
! 名詞(shirt)のくり返しをさけて用いる語を入れる。

13章

52 熟　語

テストによく出る熟語をおさえましょう。

動詞のはたらき

take care of my dog　犬の世話をする

stay with my uncle　おじの家に泊まる

look for a new shirt　新しいシャツをさがす

look forward to seeing you
└ to のあとは名詞か動名詞。
あなたに会うことを楽しみにする

- ☑ (go) away　立ち去る
- ☑ (go) by　(時が)過ぎる
- ☑ (go) shopping　買い物に行く　❗ go ～ing で「～しに行く」の意味。
- ☑ (turn) (off) the light　明かりを消す

参考　「明かりをつける」は turn on the light。

- ☑ (come) (true)　実現する
- ☑ (come) (from) Japan　日本の出身である

参考　〈be動詞＋from＋地名〉でもほぼ同じ意味を表す。

- ☑ (hear) (from) Mike　マイクから便りをもらう
- ☑ (wait) (for) my friends　友だちを待つ
- ☑ be (interested) (in) music　音楽に興味がある
- ☑ be (afraid) (of) dogs　犬をこわがる
- ☑ be (good) (at) sports　スポーツが得意である
- ☑ be (full) (of) water　水でいっぱいである

くわしく　be は主語と時に合わせて使い分ける。

数・時・場所などを表す

a few **weeks ago** 2, 3週間前に

all over **the world** 世界中で

help each other たがいに助け合う

a kind of **animal** 動物の一種

☑ (at) (first) 最初は

☑ (after) (all) 結局

☑ (far) (away) 遠く離れて，遠くに

☑ (in) the (future) 将来(は)

☑ a (cup) (of) coffee 1杯のコーヒー

くわしく 「2杯のコーヒー」なら two cups of coffee となる。

☑ (in) (front) (of) my house 私の家の前に

会話表現など

Take care. 気をつけてね。
→別れるときにも使う。

What's up? どうしたの。／元気？
→あいさつとしても使う。

Let's see. そうですね。
→考えるとき。

Why don't you **come?** 来ませんか。
→提案するとき。

☑ (What's) (wrong)? どうしたの。 ! 相手のぐあいをたずねるとき。

☑ (by) the (way) ところで ! 話題をかえるとき。

☑ (for) (example) たとえば ! 例をあげるとき。

13章

文の形

2年生のまとめ

中２で出てきた，いろいろな文をまとめて確認しよう。一般動詞・be 動詞・助動詞の文の形と，その否定文・疑問文の形と作り方をチェックしよう!

一般動詞の過去の文

- ☑ She studied hard. 彼女は熱心に勉強しました。 p. 14
- ☑ We didn't visit Ken. 私たちはケンを訪問しませんでした。 p. 16
- ☑ Did you have a good time? あなたは楽しい時を過ごしましたか。 p. 16

be 動詞を使う文

否定文→ be 動詞のあとに not。疑問文→ be 動詞で始める。

- ☑ I was at home then. 私はそのとき家にいました。 p. 18
- ☑ He was not hungry. 彼は空腹ではありませんでした。 p. 20
- ☑ Were you busy yesterday? あなたはきのう忙しかったですか。 p. 20
- ☑ There is a bag on the chair. いすの上にバッグがあります。 p. 68
- ☑ How many books are there on the desk? p. 70
  机の上に何冊の本がありますか。

過去進行形

- ☑ He was studying English. 彼は英語を勉強していました。 p. 24
- ☑ They were not studying. 彼らは勉強していませんでした。 p. 24
- ☑ Were you studying math? あなたは数学を勉強していましたか。 p. 26
- ☑ What were you doing? あなたたちは何をしていましたか。 p. 26

be going toの文

☑ I am going to play tennis. 私はテニスをするつもりです。 p. 30

☑ Are you going to visit Nara? あなたは奈良を訪問する予定ですか。 p. 32

助動詞を使う文 否定文→助動詞のあとにnot。疑問文→助動詞を主語の前に。

☑ I will call him tonight. 私は今夜彼に電話します。 p. 34

☑ Will it be sunny tomorrow? あすは晴れるでしょうか。 p. 36

☑ You must help him. あなたは彼を手伝わなければなりません。 p. 42

☑ Must I stay home? 私は家にいなければなりませんか。 p. 42

☑ May I use this pen? このペンを使ってもいいですか。 p. 44

☑ He should clean his room. 彼は部屋をそうじするべきです。 p. 44

☑ I would like something cold. 私は何か冷たいものがほしいです。 p. 44

☑ Could you bring the bags? バッグを持ってきてくださいませんか。 p. 46

☑ Shall I carry the boxes? 私が箱を運びましょうか。 p. 46

☑ Shall we meet tomorrow? あす，会いましょうか。 p. 46

☑ I have to do my homework. 私は宿題をしなければなりません。 p. 40

☑ You don't have to go there. あなたはそこに行く必要はありません。 p. 40

☑ Do I have to get up early? 私は早起きしなければなりませんか。 p. 40

不定詞・動名詞を使う文

- ☑ She wants to see the movie. 彼女はその映画を見たがっています。p. 50
- ☑ I went there to see him. 私は彼に会うためにそこへ行きました。p. 52
- ☑ I'm happy to see you. 私はあなたに会えてうれしいです。p. 52
- ☑ I have a lot of things to do. 私にはすることがたくさんあります。p. 54
- ☑ I enjoyed reading the book. 私はその本を読んで楽しみました。p. 56
- ☑ I like reading books.
  = I like to read books. 私は本を読むことが好きです。 p. 56

いろいろな文

- ☑ Mr. Smith looks busy. スミス先生は忙しそうに見えます。p. 62
- ☑ He became a doctor. 彼は医師になりました。 p. 62
- ☑ She gave him a book. 彼女は彼に本をあげました。 p. 64
- ☑ He showed a picture to us. 彼は私たちに写真を見せました。 p. 64
- ☑ We call the dog Kuro. 私たちはその犬をクロと呼びます。p. 66
- ☑ Her songs make me happy. 彼女の歌は私を幸せにします。 p. 66

接続詞を使う文

- ☑ I think that he can run fast. 彼は速く走れると私は思います。p. 74
- ☑ When I got up, it was raining. 私が起きたとき，雨が降っていました。p. 76
- ☑ If it's sunny tomorrow, I'll go out. あす晴れれば，私は外出します。 p. 76
- ☑ I can't go because I'm busy. 私は忙しいので行けません。 p. 78
- ☑ Why do you study English? あなたはなぜ英語を勉強するのですか。

— Because I want to go abroad. —外国へ行きたいからです。 p. 78

比較の文

☑ I'm taller than my mother. 私は母よりも背が高いです。 p. 82
☑ He's more famous than Mike. 彼はマイクよりも有名です。 p. 86
☑ He's the tallest in his class. 彼はクラスでいちばん背が高いです。 p. 84
☑ It's the most useful of all. それはすべての中でいちばん役立ちます。 p. 86
☑ I like cats better than dogs. 私は犬よりもネコのほうが好きです。 p. 88
☑ I can run as fast as Lisa. 私はリサと同じくらい速く走れます。 p. 90
☑ Ken is not as tall as you. ケンはあなたほど背が高くありません。 p. 90

受け身の文

☑ These cars are made in Japan. これらの車は日本で作られています。 p. 94
☑ I was invited to the party. 私はパーティーに招待されました。 p. 94
☑ Is English used in this country? この国では英語は使われていますか。 p. 96

現在完了形の文 否定文→ have のあとに not。疑問文→ have を主語の前に。

☑ I have lived here for a year. 私は1年間ここに住んでいます。 p. 100
☑ He has been to Tokyo. 彼は東京に行ったことがあります。 p. 104
☑ The train has just left. 列車はちょうど出たところです。 p. 108
☑ I've never been to Tokyo. 私は一度も東京に行ったことがありません。 p. 106
☑ Have you had lunch yet? あなたはもう昼食を食べましたか。 p. 108
☑ How long has he been here? 彼はどれくらいの間ここにいますか。 p. 102
— For a month. / Since last month. — 1か月です。／先月以来です。

読者アンケートのお願い

本書に関するアンケートにご協力ください。
右のコードかURLからアクセスし、
以下のアンケート番号を入力してご回答ください。
当事業部に届いたものの中から抽選で年間200名様に、
「図書カードネットギフト」500円分をプレゼントいたします。

Webページ https://ieben.gakken.jp/qr/derunavi/

アンケート番号 305533

定期テスト 出るナビ　中2英語　改訂版

本文デザイン　シン デザイン
編集協力　上保匡代, 小縣宏行, 甲野藤文宏, 佐藤美穂, 敦賀亜希子, 宮崎史子, 脇田聡
英文校閲　Edwin L. Carty, Joseph Tabolt
DTP　株式会社 明昌堂　データ管理コード:21-1772-3499(CC21)

この本は下記のように環境に配慮して製作しました。
・製版フィルムを使用しないCTP方式で印刷しました。
・環境に配慮して作られた紙を使用しています。
※赤フィルターの材質は「PET」です。